Selvarajan Yesudian und Elisabeth Haich: Raja-Yoga

tb
AQUAMARIN

Selvarajan Yesudian
Elisabeth Haich

Raja-Yoga

Der königliche Weg

tb
AQUAMARIN

ISBN 978-3-89427-387-3

3. Auflage 2026

www.aquamarin-verlag.de
Kontakt: kontakt@aquamarin-verlag.de

Umschlag: Annette Wagner
unter Verwendung von © 2613442585 – shutterstock.com

Druck: C. H. Beck · Nördlingen

Inhaltsverzeichnis

Vorwort

Selvarajan Yesudian war mein Lehrer in indischer Weisheit und mein Schüler in seinen biologischen und medizinischen Studien.

Er vereinigt in seiner harmonisch ausgeglichenen Persönlichkeit europäische und asiatische Kultur. In seiner Heimat wurde er in die uralten Überlieferungen seines Landes und seines Standes eingeweiht, die in den uralten Lehren des Yoga gipfeln. Diese befähigen ihn zu außerordentlichen körperlichen und seelischen Leistungen, die auf angeborenen, dem Inder eigentümlichen Anlagen beruhen und unsere Fähigkeiten weit überschreiten. Sein christlicher Glaube, in dem er in seiner Heimat erzogen wurde, erweckte in ihm die Sehnsucht, die heilige, auf allgemeine Verbrüderung und Nächstenliebe gegründete Gemeinschaft der Menschen aller Länder und Weltteile zu erleben.

Während seines langjährigen Aufenthaltes in Europa hatte er sich westliche Bildung angeeignet. Er vertiefte sich im Studium des Glaubens, des Wissens, der Sitten und Bräuche des Westens, — im Vergleich mit orientalischer Kultur und orientalischem Christentum. Er weilt und wirkt seit vielen Jahren in Europa, als treuer Freund unserer Freuden und Leiden. Seine von Geburt aus vornehme Erscheinung, seine durchseelte körperliche Kraft und Gewandtheit, mit Feinfühligkeit gepaart, sein fester, standhafter Charakter, seine vertiefte, edle Denkart, sein fesselnder, verfeinerter Umgang, sein in gebieterischer Selbstherrschaft begründetes stolzes Selbstbewußtsein, — verbunden mit äußerster Bescheidenheit und Liebenswürdigkeit, — erwarben ihm viele anhängliche Freunde. Sich mit dem für manche befremdend wirkenden Exotischen seiner Erscheinung befreundend, begegneten sie seinem tiefdringenden, zugleich weitschweifenden, offenen, zwei Welten zusammenfassenden Blick und drangen in sein tieferes Wesen ein. Auf den durch menschliche Dummheit verfinsterten Himmel des untergehenden Abendlandes strahlt er aus sich das östliche Morgenlicht, — das »Lux ex Oriente«, — und die neu belebende Wärme, der die Menschen aller Länder und Weltteile verbindenden christlichen Nächstenliebe.

Selvarajan Yesudian folgt mit bewußter Zielstrebigkeit seiner Berufung, seiner Sendung und Lebensbestimmung, seinem »Karma«, zwischen Osten und Westen die geistige Brücke zu schlagen und die Hindernisse der Begegnung und Verständigung der Völker der zwei Weltteile wegzuräumen. Er will Wegweiser unseres nach Glauben suchenden Verstandes sein und die Menschenwege, — den individuellen Weg des Ostens und den kollektiven des Westens, — verbinden. Er möchte uns den *einen* Weg zeigen, der vom *einen* ICH der einzelnen Menschen zu *einem* GOTT, zur *einen* WAHRHEIT führt, — wenn diese auch, je nach verschiedenen Zeiten und Völkern, mit verschiedenen Namen bekleidet wird. Er will in diesem Buch die himmlischen Freuden, die er beim Wandern auf dem zu Gott führenden Weg empfand, mit seinen europäischen Brüdern teilen.

Durch Befruchten des europäischen Geistes mit der kontemplativen, introspektiven, bis zum Wesen der Dinge vordringenden Denkart der Inder, — durch gleichmäßige, unserer körperlichen und seelischen Konstitution angepaßte Entwicklung des Körpers und der Seele, durch Erweckung unterdrückter und schlummernder Fähigkeiten der westlichen Menschen, — möchte er dem sinnlosen, hastigen Streben des europäischen Rekordwahnsinnes Einhalt tun. Er will die verstofflichte, überorganisierte, mechanisierte westliche Kultur des technischen Maschinenzeitalters mit neu belebendem orientalischem Geist erfüllen, den Europäer aus dem Sklaventum blinder und wilder Instinkte befreien und seiner übertriebenen Gier nach materiellen Gütern und Macht, durch Erweckung seines Verlangens nach seelischen und geistigen Schätzen Schranken setzen. Er will die von Unwissenheit und Halbwissen über sich selbst herrührende Ungläubigkeit und Gottlosigkeit bekämpfen, um den Sieg des Geistes über den Stoff herbeizuführen.

Mit der Zuständigkeit des eingeborenen und eingeweihten Inders will er uns erziehen zur Selbsterkenntnis, zur Kenntnis des Menschen in seiner Dreifaltigkeit seiner körperlichen, seelischen und geistigen Existenz, die in den organischen Zusammenhang des Weltalls eingepaßt und eingegliedert ist.

Somit flößt er uns, — den in ihrer materialistischen Weltanschauung schwer getäuschten, in persönlichen, politischen und sozialen Krisen verwickelten Europäern, — Hoffnung und Zuversicht auf seelische, geistige und moralische Erneuerung ein, sowie Vertrauen zu sich selbst und zu Gott.

Anderseits würde den von den äußeren Realitäten der Welt abgewandten Menschen des Ostens das Beschreiten des westlichen Weges, die Aneignung des kollektiven Geistes, des Organisationsvermögens und des praktischen Sinnes, zu besseren Lebensmöglichkeiten der Massen verhelfen.

Diese gegenseitige Befruchtung des Ostens und des Westens, — die Vereinigung individueller und kollektiver Bestrebungen, — kann nach dem Verfasser nie durch Zwang, sondern nur durch freiwillige Liebe in der heiligen Gemeinschaft des Christentums verwirklicht werden. Nur diese, — durch Verbrüderung der Menschen aller Länder, aller Weltteile und aller Glaubensbekenntnisse, — würde den durch die ganze

Welt wütenden gegenseitigen Haß der Völkerrassen, der Nationen, Staaten, Klassen, Parteien und Konfessionen, — der den Menschen in Krieg und Elend stürzt, vertilgen und auf höherer geistiger und seelischer Ebene die Gegensätze von Individualismus und Kollektivismus, Vaterlandsliebe und Menschenliebe, Idealismus und Realismus, ausgleichen.

Die tiefen Ideen und hohen Ideale, die die Verfasser in diesem Buch in einfachen, gemeinverständlichen Worten erörtern werden, — ohne sich der Geheimsprache der Philosophen vom Fach zu bedienen, — enthalten den knospenden Keim der erlösenden Geistgestaltung, die horizontal sich auf die ganze Menschheit ausdehnt und vertikal aus den dunkelsten Tiefen des Bewußtseins, — durch persönliche Anstrengung des gläubigen Willens, — sich bis zu Gott, dem Allwissenden und Allmächtigen emporschwingt.

Alsogöd (Ungarn), Juni 1947

Dr. med. Th. Huzella
Prof. an der Ungarischen Med. Universität
Member oft the Carnegie Institute

Zum Geleit

Über indische Religionsphilosophie wurden schon viele Bücher geschrieben, die eine tiefschürfende Erörterung der Lehren geboten haben, wie sie in den Veden, Upanischaden, Yogapradipika, Patanjali, Sankaratscharia usw. enthalten sind. Es erübrigt sich deshalb, Yoga theoretisch zu behandeln und die Yogaphilosophie zu erklären. Es schien uns viel zweckdienlicher, eine praktische Anleitung zu geben, was eigentlich Yoga ist. Ein Großteil der Menschen des Westens ist noch immer der irrtümlichen Ansicht, Yoga sei irgendeine, nur den Menschen des Ostens bekömmliche, religiöse Offenbarung, stehe also zur christlichen Religion im Gegensatz und sei nichts für den Menschen des Abendlandes. Es ist unser Ziel, diesen Irrtum zu beseitigen, weil er sehr vielen Gott suchenden Menschen, den in das Reich Gottes führenden kürzesten Weg und die Pforte dazu verschließt.

Yoga ist keine Religion, sondern eine Möglichkeit zur Entwicklung des menschlichen SELBST, auf psychologischer Grundlage, und seine Verschmelzung mit Gott. Führt aber Yoga zu Gott, so kann er gegen keine einzige Religion gerichtet sein, denn es gibt nur einen GOTT und nur ein SELBST, wie wir es auch sonst nennen mögen. Es ist unser Ziel, darauf hinzuweisen, daß auch Christus den Weg des Yoga gelehrt hat, denn der zu Gott führende Weg der menschlichen Seele — ist Yoga. Demnach ist der von Christus verkündete enge, mühsame und steile Weg auch: Yoga. — Namen, Formen und Benennungen sind nur Hüllen, die alle dieselbe Tatsache, dieselbe Wahrheit decken.

Dieses Buch haben wir für die Menschen des Westens geschrieben und nahmen deshalb zur Beleuchtung und Erhärtung der Wahrheit, mehr die Worte der Bibel zu Hilfe, als die der heiligen Bücher des Orients, denn es war nicht unsere Aufgabe, ein orientalisches Exotikum zu bieten, sondern die Wahrheit. Sie wird aber für jeden leichter verständlich sein, wenn er sie in jene Hülle, in jene Worte gekleidet zu hören bekommt, die ihm von Geburt an geläufig sind.

Mit diesen Blättern möchten wir klar und eindeutig den Weg weisen, der der einzige ist, sowohl für den Westen, als auch für den Osten. Es liegt in unser aller Absicht, die Pforte des allerhöchsten Daseins zu erreichen, denn das Ziel ist: GOTT. — Das Himmelreich ist in gleicher Weise die lebendige Wahrheit für Christen, Hindus und jedermann. Alle Menschen kämpfen um dieses Ziel, wenn auch mit verschiedenen Methoden und Mitteln. Das »Gelobte Land« ist in unserem Herzen und gesegnet ist, wer es findet.

Wir sind winzige Atome im Weltall, aber es drängt uns, die himmlischen Freuden, die wir auf dem zu Gott führenden Pfade gefunden haben, mit unseren Brüdern zu teilen. Der Weg ist schwer, weil er so erhaben einfach ist. Aber es lohnen sich Kampf und Mühe, denn endlich am Ziel angelangt, werden wir sagen können:

> »Ich habe den Kampf ausgekämpft, — jedoch mit Hilfe, — und habe eben deshalb gekämpft, um diese Hilfe zu finden und siehe: die Hilfe ist einzig und allein in mir selbst: — das in der Tiefe meines Wesens innewohnende, lebenspendende, göttliche SELBST!«

Das letzte Kapitel des Buches zeigt klar, wo und wie sich die Wege des Occidents und des Orients treffen und wie sie einander helfen können, um eher zum Ziele zu gelangen. Mögen diese wenigen Blätter dazu beitragen, daß alle Mißverständnisse verschwinden, die einem vollen Verständnis der zwei Welten hinderlich sind. Mögen sie dazu beitragen, daß die Menschen einander verstehen und sich zusammenfinden in dem beseligenden Bewußtsein, daß wir alle eine große Familie, daß

WIR ALLE KINDER EINES VATERS SIND!

Selvarajan Yesudian
Elisabeth Haich

Mit Gott!

ERSTES KAPITEL

Was ist Yoga?

»Mit dem Schwerte der Erkenntnis des Selbst
spalte also in deinem Herzen jeden Zweifel,
entstanden aus Unwissenheit,
und erlange deine Beständigkeit im Yoga ...«
Bhagavad Gita

Für jeden Menschen kommt im Leben einmal der sonderbare Augenblick, wo er sich besinnt, wo er plötzlich begreift, daß er lebt, — daß er in Raum und Zeit lebt, — daß er zwischen Vergangenheit und Zukunft steht. Sein Gedächtnis erhellt aber nur einen ganz geringen Teil der Vergangenheit, dann verliert sich alles im Nebel und wird ebenso unsicher und unbekannt wie die Zukunft, deren Geheimnisse unerforschlich sind. — Es dämmern in ihm die großen Fragen auf: WOHER? — WOHIN? — WOZU? —
Irgendwann ist er geboren und einmal wird er sterben, — dies weiß er, aber nicht aus eigener Erfahrung, denn würde er ganz einsam auf einer unbewohnten Insel herangewachsen sein und hätte er nie gesehen, daß die Menschen zur Welt kommen und sterben, so hätte er keinen Begriff davon, daß auch er einmal geboren wurde, denn daran erinnert er sich nicht, — und daß er auch, entsprechend dem Gesetz der Natur, einmal sterben muß. — Er lebt aber unter Menschen und weiß aus dem Beispiel anderer, daß jeder, der hier auf Erden lebt, einmal geboren wurde, und wenn er da ist, einmal auch sterben wird.

Wo war er aber vor seiner Geburt? ... Und wohin geht er nach dem Tode? ... Und warum muß er den Weg zwischen diesen zwei Stationen begehen? ...
Wer über diese Fragen nachdenkt, dem sind die Augen bereits geöffnet, um die unendliche Weisheit zu erkennen, die in allen Offenbarungen des Lebens wirksam ist. Er sieht die geometrischen, mathematischen, physischen und chemischen Gesetze, die jeder Lebensäußerung innewohnen und wird es für unmöglich halten, daß ein langes Menschenleben, — voll von Erfahrungen, Schönheiten Freude und Leid, Glück und Drangsal, oft mit großen Erfolgen, — aus dem Nichts kommen und sich in Nichts verlieren soll, und daß dies alles nur nach blinder Willkür, ohne innere Gesetzmäßigkeit und ohne Ziel geschehen soll. — Besteht aber eine innere Gesetzmäßigkeit und ein Ziel, was ist dann dieses Gesetz? ... Was ist das Ziel? ... Welche Macht bringt den Menschen auf diese Erde und welche ruft ihn nach einer Zeit wieder ab? Und wozu geschieht dies alles? ...
Auf diese Fragen erhalten wir Antwort, wenn wir erkennen können: WER ist es? — der von wo kommt? — wohin geht? — und wozu lebt? —
Die Antwort auf dieses WER scheint sehr einfach: ICH! — ja, aber wissen wir, wer dieses ICH ist? —

*

Konzentriere ich meine Aufmerksamkeit auf das eigene ICH und beginne mit der Forschung, so werde ich ganz sonderbare Dinge entdecken. Vor allem bemerke ich, daß nicht nur *ein* Ich in mir wohnt, sondern mehrere. — Zum Beispiel: Ich lese ein Buch, inzwischen kommt mir etwas in den Sinn, was mir am selben Tag begegnete. Ich durchlebe es wieder in Gedanken, spinne die Gedanken weiter und grüble darüber nach, was in dieser Sache zu unternehmen sei . . . Da wird es mir plötzlich bewußt, daß ich am Ende der Seite angelangt bin und das Blatt wenden muß, um weiterzulesen. Während ich also über die Ereignisse nachdachte, hat »jemand« Buchstabe um Buchstabe, Wort für Wort bis zum Ende der Seite weitergelesen. Aber wer? — denn ich weiß kein Wort von dem, was jener Andere in mir gelesen hat, da mein Bewußtsein irgendwo herumschweifte. — Oder ein anderes Beispiel, das wohl schon jeder Mensch erlebte: ich spreche ein Gebet, — ich sage die Worte, aber inzwischen fallen mir die Pflichten des morgigen Tages ein, ich lege mir zurecht, was und wie ich es erledigen werde, — bis ich bemerke, daß ich beim Amen angelangt bin. Wer in mir sprach das Gebet, während ich über etwas anderes grübelte? — Noch interessanter ist es, wenn ich eine Zahlenreihe addieren muß und meine Gedanken ferne weilten, — aber jemand in mir addiert die Zahlen und schreibt die Endsumme hin. Erstaunt schaue ich auf die niedergeschriebenen Ziffern und addiere noch einmal — jetzt aber mit großer Sorgfalt, weil ich voraussetze, daß das Rechenergebnis vermutlich unrichtig sein muß, weil meine Gedanken anderswo weilten. Nun aber kommt die Überraschung: die Zahlen stimmen vollkommen, — derjenige, der sie in mir addiert hat, kann gut rechnen, hat er doch die Endsumme fehlerlos hingeschrieben, — noch dazu mit meiner eigenen Hand. Das Verblüffende an diesen Beispielen ist: während ich das Gebet seit meiner Kindheit unzählige Male hergesagt habe, es mir also schon ganz mechanisch geläufig ist, — fand ich mich der Zahlenreihe in der vorliegenden Ordnung zum erstenmal gegenüber, also konnte bei der Addierung von einem mechanischen Vorgang nicht die Rede sein. Jede einzelne Ziffer mußte derjenige, der dieses Rechenexempel in mir vollführte, verstandesmäßig zur bisherigen Summe dazuzählen. — Aber wer ist derjenige? —

Offenbar ich, aber unbewußt. Und wer war es, der unterdessen über andere Dinge nachdachte? — Ebenfalls ich, aber bewußt. — Es besteht also kein Zweifel darüber, daß in mir mehrere Ich sind, — Bewußtsein aber nur eines, — und dieses Bewußtsein kann sich diesem oder jenem Ich verbinden, je nach meinem Interesse und meinem Wollen.

Nicht zu vergessen ist aber noch jemand, der in mir lebt, der sich jedoch nicht auf derselben Ebene mit den in mir lebenden, denkenden, rechnenden, lesenden Ich befindet, sondern über diesen steht, der mich beobachtet, mich beurteilt, belehrt, der rügt, Rat erteilt — der von jeder meiner Handlungen, jedem meiner Gedanken, Rechenschaft verlangt. Wenn ich mich aufrege, wenn ich gereizt bin, — er bleibt unberührt und ruhig, Aufregung kennt er nicht. — Wenn ich aber in Not bin: — hilft er! . . .

Wie oft haben wir schon gehört und es auch selbst erlebt, daß wir unerwarteten, großen Gefahren entgangen sind, nur weil wir etwas unternahmen, von dem wir nachträglich in keiner Weise wußten, weshalb wir es taten, so, als wären wir es gar nicht selbst gewesen. Zur Zeit der Gefahr trat »jemand« an Stelle meiner Person, jemand, der allwissend sein muß, denn: indem er durch mich handelte, errettete er mich vor einem *erst später* einzutreffenden Geschehnis, — also mußte er die Zukunft kennen. — So geschah es bei einem berühmten Chirurgen, während er operierte. Mit seiner vollen Aufmerksamkeit konzentrierte er sich auf den Kranken und auf seine Arbeit. Plötzlich beugte er sich über den geöffneten Bauch des Kranken, so, daß er die Wunde mit seinem Oberkörper vollkommen bedeckte. Im selben Moment ging der Glasschirm des Scheinwerfers über dem Operationstisch in tausend Stücke. Die unzähligen Glasscherben fielen auf den Rücken des Chirurgen. Hätte er sich nicht plötzlich über den Kranken gebeugt, wären die Glasscherben in den offenen Bauch des Kranken gefallen. Vergeblich fragten die Assistenzärzte den Professor, was ihn veranlaßt hatte, sich über den Kranken zu beugen, — er wußte selber keine Erklärung. »Jemand« handelte in ihm und durch ihn, den er im Moment der Gefahr als sein eigenes Ich erlebte und der genau wußte, warum er so handelte wie er handelte, aber nachträglich fühlte er sich mit ihm nicht mehr identisch. Sein jetziges Ich erinnerte sich nicht, was ihn zu der rettenden Bewegung veranlaßte. Wer war in ihm, der in Kenntnis der Zukunft handelte?

Meine Mutter erlebte in unserem Hause in Madras folgendes. Als sie eines Tages das Badezimmer betrat, erblickte sie eine Kobra-Schlange. Beim Fluchtversuch glitt die Mutter aus und fiel rücklings hin. Nun vernahm sie eine innere Stimme: »Nicht bewegen!« Sie erstarrte in Regungslosigkeit. Die Schlange kroch ihr sachte auf die Brust und rollte sich, die Wärme des lebenden Körpers genießend, zusammen. Nach einer geraumen Zeit — vermutlich durch ein äußeres Geräusch veranlaßt — kroch die Schlange von meiner Mutter herunter und verschwand im Garten. Hätte die Mutter nur die geringste Bewegung gemacht, so wäre sie unvermeidlich von der Kobra gebissen worden. Nachträglich wußte sie keine Erklärung dafür, wie sie während der ganzen Zeit mit kalter Ruhe regungslos verharren konnte, ohne die geringste Furcht. Erst als sie sich in Sicherheit befand, war sie vor Schreck gelähmt über das, was ihr gedroht hatte. Wer war es in ihr, der in tödlicher Gefahr regungslos und ohne Furcht bleiben konnte, der wußte, dies sei die einzige Rettung vor dem Biß der Kobra? Ohne Zweifel ist dieser Jemand, der uns in der Gefahr beisteht, auch unser eigenes ICH. Aber es ist ein Teil unseres Ich, das über dem alltäglichen Ich steht in Wissen, Kraft, Macht und Moral, — kurzum in allem. Es hat Macht über uns. Wenn es mit uns unzufrieden ist, wird es uns Qual bereiten, — denn Gewissensbisse verursachen die größte Pein, — seine Zufriedenheit aber erhebt uns in einen, durch nichts auf der Welt erreichbaren Grad des Glückes. In Augenblicken großer Nervenanspannungen nimmt dieses ICH von unserem Bewußtsein Besitz und dann fühlen wir es, daß ES auch unser Ich ist, aber so hoch über uns steht, daß wir ES nur als die Stimme unseres Gewissens erkennen, — so, als wäre ES eine andere Person, — denn wir können unser Bewußtsein nicht so erheben, um uns mit ihm identisch zu fühlen. ES aber kann unser Bewußtsein in Besitz nehmen, wenn ES will. Wer ist dieses höhere ICH? Und wer sind die übrigen, alltäglichen, denkenden, rechnenden, hinfälligen Ich in mir? Und wie ist es möglich, daß mein Ich und mein Bewußtsein nicht ein und dasselbe sind?

Das Bewußtsein ist ein Zustand des ICH. Wollen wir es näher kennenlernen, müssen wir vor allem wissen:

WAS IST DAS »ICH«?

Gott ist allgegenwärtig. — Gott erfüllt das Weltall. — Das Weltall lebt, weil Gott dieses mit seinem Sein erfüllt. — Gott ist selbst das Sein, das Leben, — und das Leben ist: Gott. — Im Johannes-Evangelium steht: ». . . und Gott war das Wort. Dasselbe war im Anfang bei Gott und ohne dasselbe ist nichts gemacht, was gemacht ist« (Joh. 1/1—3).

Vom winzigsten Lebewesen bis zum höchstentwickelten Geschöpf ist alles mit Leben erfüllt. Wohin wir auch blicken, überall erkennen wir tausenderlei Offenbarungen des Lebens in verschiedenen Graden der Entwicklung. Auf der höchsten irdischen Stufe dieser Leiter steht der Mensch.

Wie fühlt der Mensch die Gegenwart des Lebens in sich

selbst? — Die Existenz seiner selbst empfindet er als ICH und drückt es aus in der ersten Person: »Ich bin.«
Wenn also das Leben Gott ist, und wenn das Leben im Bewußtsein des Menschen als ein Ich-Gefühl erscheint, dann ist dieses Ich Gott in uns. Dies beweist auch die Bibel, denn auf die Frage Moses, was der Name Gottes sei, gibt Gott zur Antwort: »EHEJE«, das heißt, »Ich bin der ICH BIN« (Moses 2/31). Dies bedeutet das ICH, das sich in ewiger Gegenwart befindet, — denn es heißt weder »ich war«, noch »ich werde sein«, sondern »ICH BIN«, — es ist das ununterbrochene, ewige SEIN: GOTT! . . .
Weiß der Mensch, daß unser ICH das Leben, also Gott in uns ist? — Nein! — Der Mensch ist sich dessen nicht bewußt. — Das Bewußtsein des Durchschnittsmenschen steht auf viel niedrigerer Stufe, er ist viel zu begrenzt, um sich in seinem Bewußtsein Gott zu nähern und sich mit ihm zu vereinigen. Daß aber diese Möglichkeit besteht, wurde von den größten Meistern, von den Gottmenschen bewiesen, die in einem materiellen menschlichen Körper in unserer Mitte lebten, aber ihr Bewußtsein war identisch mit Gott: »ICH und der Vater sind eins«, sagt Christus in der Bibel (Joh. 10/30). Mit seinem eigenen Leben brachte er uns den Beweis, daß die Einheit mit Gott auch im menschlichen Körper möglich ist, — daß der Leib kein Hindernis, und daß das göttliche Bewußtsein für jeden Menschen ein erreichbares Ziel ist. Im Menschen brennt unbewußt, wie ein unstillbarer Durst, das Verlangen, das Streben nach oben, dieses Ziel zu erreichen. Dieses ständige Streben nach dem Höchsten ist auch eine jener Eigenschaften, die den Menschen vom Tiere unterscheidet. Das Tier will nie mehr sein, als es ist. Der Hund begnügt sich damit, daß er ein Hund ist, das Pferd, daß es ein Pferd ist. Keines der Tiere will sich mit großen Leistungen besonders hervortun. Nur im Menschen arbeitet

ein innerer Trieb, daß er mehr sein will als er ist, weil er auch unbewußt die in ihm verborgenen Möglichkeiten fühlt. Dieser innerste Trieb ist der Ansporn des göttlichen ICH in uns, das uns beständig dazu treibt, mit den erreichten Ergebnissen nicht zufrieden zu sein, sondern vorwärts zu schreiten, bis wir das höchste Ziel erlangt haben. Auch der Hochtourist folgt diesem Instinkt, wenn er die schweren körperlichen Strapazen auf sich nimmt, die Schwierigkeiten überwindet und den ragenden Höhen entgegenschreitet, um den Gipfel zu erreichen. Unterwegs wird er von vielem entzückt sein, die wechselvollen Schönheiten von Berg und Tal erfreuen ihn, eine herrliche Lichtung, grüne Matten laden ihn zur Ruhe ein, silberklares Quellwasser löscht seinen Durst. — Er aber verweilt nicht bei diesen Schönheiten, gönnt sich nur kurze Atempausen, um bald den kahlen Fels zu erklimmen, denn seine Seele findet nicht Ruhe, ehe er den höchsten Punkt, das Ziel, den herrlichen Gipfel erreicht hat.

Die Menschen wissen nicht, daß dieser Trieb sich auch im täglichen Hasten und Jagen offenbart, im einander Überbieten-Wollen und Rekordwahn, der in verschiedenen Sportarten üblich ist. Jeder möchte in allem das Höchste, das Vollkommenste erreichen. Jeder möchte allwissend, allmächtig, — vollkommen werden. Aber es gibt nur eine Vollkommenheit: Gott. Wenn also der Mensch wirklich allwissend, und allmächtig sein will, so bedeutet das, daß er zum Gott werden muß. Ist es aber möglich, daß jeder einzelne ein Gott wird? Nein! Aber sein Bewußtsein kann sich herausheben aus dem menschlichen Dasein, es kann sich erhöhen und sich mit Gott verschmelzen. Diese Möglichkeit bewies ebenfalls Christus als er sagte: »Stehet nicht geschrieben in eurem Gesetz: Ich habe gesagt: Ihr seid Götter« (Joh. 10/34, Ps. 82/6).

Warum aber kann der Durchschnittsmensch sein Bewußtsein nicht ohne weiteres mit dem göttlichen SELBST verschmelzen? — Wenn wir darauf antworten wollen, müssen wir zunächst wissen:

WAS IST DAS BEWUSSTSEIN?

Das Bewußtsein ist ein Zustand des Ich. Wenn ich mich von Angesicht zu Angesicht betrachte, meiner selbst bewußt werde und dies wahrnehme, dann entsteht ein Zustand. Dieser Zustand hat verschiedene Stufen, je nachdem, wieviel ich von mir selber erfasse. Je weniger ich von mir selber erkenne, um so beschränkter, um so enger ist mein Bewußtsein. In dem Maße wie ich in der Selbsterkenntnis fortschreite, im selben Maße erweitert sich mein Bewußtsein. Die höchste Stufe wird sein, wenn ich mein SELBST in seiner Ganzheit erkannt habe. Dieser Zustand ist vollkommen, denn er ist: drei in eins, und eins in drei: das ERKENNEN, das ERKANNTE und der ERKENNER, — sie sind ein und derselbe: Ich selbst.

Der Durchschnittsmensch ist nicht imstande, diesen Zustand zu erleben, weil er sein SELBST nicht kennt.

Alles was geschaffen wurde, ist durch den Logos geschaffen, der vor Beginn der Schöpfung »Gott war«. So ist im Weltall das Leben in jeder Gestalt eine Offenbarung Gottes. Das Maß der Offenbarung hängt aber von den verschiedenen Stufen, des sich offenbarenden Bewußtseins, ab. Wir können ersehen, inwiefern sich das Bewußtsein der Pflanzenwelt von dem des Tierlebens, und dieses von der höchsten irdischen Stufe, dem Menschen, unterscheidet. Der Unterschied ist so groß, daß wir über die Pflanzenwesen kaum sagen können, daß sie Bewußtsein haben, und doch wird es durch Tatsachen erhärtet, daß sich im Verhalten der Pflanzen eine Bewußtheit kundgibt, daß auch in ihnen schon eine Anfangsstufe des Bewußtseins wach ist.

In den Lebensäußerungen können wir verschiedene Grade des Bewußtseins beobachten. Die scheinbar leblose, materielle Ebene ist die niedrigste. Wir wissen aber, daß die Kristalle wunderbare Eigenschaften besitzen. Zunächst bauen sie sich selbst nach streng geometrischen Regeln auf. Sie haben ferner positive und negative Ausstrahlungen, was ebenfalls ein Beweis dafür ist, daß die Materie nicht leblos ist. Die nächste Ebene ist die Pflanzenwelt, wo wir schon organische Lebensoffenbarungen antreffen. Es folgen die Tiere, die bereits Instinkte, Triebe und Gefühle haben. Schließlich der Mensch, dem der folgerichtige Gang der Entwicklung die Fähigkeit gegeben hat, dem tierischen Zustand zu entwachsen und höher gelangend, seinen Fuß auf die nach oben führende Treppe neuer Möglichkeiten zu setzen: in die Welt des Verstandes. Seine Denkfähigkeit hebt ihn über die vorherigen Ebenen, doch sind in ihm die materiellen, pflanzlichen oder vegetativen und tierischen Eigenschaften geblieben. Der auf einer primitiven Stufe stehende niedrig geordnete Mensch steht den Tieren noch viel zu nahe, um seinen Verstand höheren Freuden zuzuwenden und so gebraucht er ihn dazu, seine untergeordneten Triebe zu befriedigen. Die Naturkräfte offenbaren sich in ihm als die roheste Selbstsucht. Gewisse Eigenschaften nennen wir nicht umsonst tierisch, da unser Triebleben tatsächlich das »Tier in uns« ist, — wie dies vom großen Meister Paracelsus ausgedrückt wurde.

Der Mensch ist im Grunde ein großartig konstruiertes Werkzeug, um die geistige Ebene in der materiellen Welt zu offenbaren. Sein entwickeltes Gehirn ermöglicht es, mit Hilfe seines Verstandes, ein Mittler des göttlichen SELBST zu sein und sich auf der irdischen Ebene im Dienste eines selbstlosen Zieles zu betätigen. Der Mensch ist der Mittler und das Verbindungsglied zwischen Geist und materieller Welt. Während sein Körper der materiellen Welt angehört, ist es des Menschen Sendung, sein Bewußtsein in den höchsten geistigen Ebenen zu halten, und das dort Empfangene durch das Mittel des Verstandes in Gedanken, Wort und Tat zu offenbaren. — »... die den Willen tun meines Vaters im Himmel«, sagt Christus (Matth. 7/21). Wie kann aber der Mensch wissen, was des Vaters Wille ist? — Indem er sein Bewußtsein zu IHM erhebt! Der Körper ist nur das vollziehende Werkzeug des göttlichen Willens. —

Die Tragödie des Menschen beginnt, wenn er den höheren Zweck seines Daseins aus dem Auge verliert und sich in seinem Bewußtsein mit dem Körper und dessen Gelüsten identifiziert. Der Körper gehört zu der materiellen Welt; er muß genährt werden, um gesund zu bleiben und seine Vergänglichkeit fordert, daß an Stelle der abgenützten, verbrauchten Körper Nachkommen zur Verfügung stehen. Im Körper wirken demnach zwei mächtige Naturkräfte, die diese Aufgaben erfüllen: der Selbsterhaltungs- und der Arterhaltungstrieb. Das menschliche Bewußtsein aber ist dazu berufen, über diesen Kräften zu stehen und sie mit seinem Willen zu lenken. Doch der Alltagsmensch vergißt, daß sein Selbst geistig, — unsterblich, — und ein Teil Gottes ist. Indem er sich mit dem Körper identifizierte, — statt die in seinem Körper tätigen, riesigen Naturkräfte zu meistern, — haben diese ihn überwältigt, und also verankert in die materielle Welt, verdammte er sich zur schwersten Knechtschaft. Die Begierden des Körpers lasten wie schwere Ketten auf ihm, die tierischen Triebe haben sich seiner bemächtigt und unterdrücken die höher geordneten Fähigkeiten und das geistige Sehen. Dies ist der Sündenfall des Paradieses, in welchem der größte Teil der Menschheit auch heute weiterlebt und sich abmüht. Der Mensch schreibt die Tatsache, daß er lebt, törichterweise seinem eigenen, persönlichen Verdienst zu und beschattet mit diesem Irrglauben den strahlenden Glanz seines ÜBERSELBST. Liebe und Ernährung erniedrigt er zum Selbstzweck und wird zum Sklaven der Habsucht, der Spielleidenschaft, des Alkohols und Tabaks und anderer Narkotika, seiner eigenen Bequemlichkeit und noch hunderterlei Erscheinungsformen seiner verkümmerten Triebe. Die Neigungen des Durchschnittsmenschen sind Offenbarungsformen seiner Körperlichkeit. Seine Liebe ist egoistisch, stets will er etwas bekommen, gibt er etwas, so erwartet er Gegendienste. Seine Fähigkeiten und Talente will er zu seinem eigenen Vorteil ausnützen, — die Gemeinschaft vergessend, — für deren Dienst er seine Fähigkeiten erhalten hat. Ist er erfolgreich im Leben, wird er dies als persönlichen Ruhm empfinden und Ehrgeiz und Eitelkeit in sich wachsen lassen. Er ist hochmütig auf seine Person und stellt sich vor, die Kräfte und Fähigkeiten, die er in Wirklichkeit zur Erfüllung seiner irdischen Aufgaben erhalten hat, seien seine persönlichen Eigenschaften. Würde er nur ein wenig darüber nachdenken, daß niemand durch bloßen menschlichen Willen ein großer Künstler, wie z. B. Michelangelo werden kann, — denn Talent kann niemand sich selbst oder anderen geben, — so müßte er wahrnehmen, daß er die Fähigkeiten, über die er verfügt, irgendwoher bekommen hat, — aber sicherlich nicht, um sich damit zu brüsten und sie nur zu seinem persönlichen Vorteil zu verwenden. — In seiner Verblendung weiß er nicht, daß jede Fähigkeit von Gott kommt und der Mensch nur ein Kanal ist, durch den die göttlichen Eigenschaften sich als Talente offenbaren können. Fähigkeiten können verdient werden, die dann in der nächsten Verkörperung vom Menschen als eine Gabe Gottes mitgebracht werden. Aber wir selbst können uns keine Fähigkeiten verleihen. Höchstens können wir uns durch bewußtes Üben entwickeln und dadurch verdienen, daß im zukünftigen Leben, — nach den Worten der Bibel, — uns von Gott mehr Talente zur Verzinsung übergeben werden. — Der Mensch aber, der seinen körperlichen Begierden folgt, kümmert sich nicht darum, sich selbst zu entwickeln, da das Lernen und Üben ermüdend ist und außerdem viel Geduld und Ausdauer erfordert. Er jagt nur nach Genüssen und kümmert sich nicht um seinen geistigen Fortschritt. Selbstredend bewegt sich die Denkweise eines solchen Menschen ebenfalls auf niedriger Ebene, er kann nicht objektiv sein, sieht alles vom Gesichtspunkt seines kleinen Ich und urteilt auch danach. Seine Seele ist erfüllt von persönlichen Gelüsten, daher ist sein Gesichtskreis eng, das Selbstbewußtsein zusammengeschrumpft und personbehaftet. Ein auf dieser Stufe stehendes Bewußtsein nennen wir »persönliches Bewußtsein«.

Das Bewußtsein folgt den Wünschen, — »... wo euer Schatz ist, da ist auch euer Herz«, sagt Christus (Matth. 6/21). Solange unsere Wünsche uns an die Materie knüpfen, können wir nicht frei sein und bleiben Sklaven der irdischen Ebene. Das Ergebnis ist Unglücklichsein und ständige Unzufriedenheit, weil sich der Mensch in seiner Blindheit von der Einheit abtrennt. Er wird isoliert und verliert aus seinem Bewußtsein das Wissen, daß er ein Teil ist vom großen Ganzen, vom Absoluten, — und daß er mit diesem identisch ist. Mit der Lockerung seiner Verbindung mit Gott werden seine Kräfte vermindert, er wird schwach und vermeint mit seinem Festhalten am Egoismus und an der Unwissenheit, seine Persönlichkeit kräftigen zu können. Mit wachsender Entfernung von Gott kommen die zunehmenden Qualen des Alleinseins, der Leere über ihn, bis ihn endlich die seelischen Nöte dazu bringen, Hilfe zu suchen. Die Menschen verfallen aber auch hier einem Irrtum: sie glauben, daß die Befreiung aus der Knechtschaft von außen gesucht werden müsse, und sie erwarten die Hilfe von anderen. —

Es ist zum Erbarmen, wieviele wertvolle und begabte Menschen zu Sklaven vom Tabakrauchen, vom Alkohol und zahlreichen niedrigen Leidenschaften werden, und daß ihre eigene Willenskraft nicht mehr ausreicht, wenn es gilt, sich zu entwöhnen. Wenn sie davon loswerden möchten, greifen sie nach allerlei Mitteln von außen, — ja sogar von der Hypnose erwarten sie Befreiung, anstatt aus ihrer eigenen unversiegbaren Kraftquelle zu schöpfen, um ihr Leben auf einer neuen Grundlage aufzubauen. Der Durchschnittsmensch kann nicht aus den in der Tiefe seines Bewußtseins verborgenen Kraftquellen schöpfen, weil er nicht ahnt, daß er in seinem Unbewußten magische Kräfte besitzt. Personbehaftet wie er ist, wird sein Blick verdunkelt. — »Sie haben Augen, sehen aber nicht«, sagt Christus. — Er ist nicht imstande, sein Bewußtsein in die höheren Schichten seines Wesens zu heben, und jene mächtigen Kräfte, die jedem einzelnen Menschen innewohnen, bleiben für den Durchschnittsmenschen unerreichbar, da sie außerhalb seines Bewußtseins liegen. Es ergeht ihm wie einem Mann, in dessen

Acker eine große Truhe Gold vergraben ist, der aber nichts davon weiß. Er fühlt sich als Bettler und lebt auch als solcher, und ist doch im Besitze eines riesigen Reichtums. Er müßte nur sein Feld umgraben, um den Schatz zu finden. Würden die Menschen in ihrem eigenen Ich schürfen, — würden sie jenes große Gebiet, das unter den Begriff des Selbst fällt, nicht so sehr vernachlässigen, dann würden sie die mit nichts vergleichbaren Schätze finden, von denen Christus sagt, ». . . wo weder Motten noch Rost sie vernichten, wo keine Diebe einbrechen und stehlen . . .« (Matth. 6/20).

Die Menschen lenken ihre Aufmerksamkeit immer nach der äußeren Welt, und so ist ihnen nur ein ganz geringer Teil ihres Wesens bewußt. Viel größer und bedeutungsvoller ist aber der andere Teil, — die »Welt des Unbewußten«, die für die westlichen Menschen ein fast vollkommen unbekanntes Gebiet ist. Die modernen Seelenforscher suchen nach dieser »terra incognita«, aber ihre verschiedenen Theorien sind noch ein Tasten nach einem Weg, der in eine ganz unbekannte Welt führt. Sie haben zwar bereits gefunden, daß tief unter dem durchschnittlichen menschlichen Bewußtsein noch allerlei Triebe und Instinkte im Menschen arbeiten, — daher der Ausdruck »das Unbewußte«, — aber sie kennen noch nicht, oder wenig, die über das durchschnittliche Bewußtsein gelagerten Schichten. Nur einzelne Gelehrte forschen danach.

Die untergeordneten körperlichen Triebe sind unbedingt nötig, da diese für die Erhaltung von Körper und Rasse Sorge tragen. Sie müssen aber unter allen Umständen beherrscht werden, denn wer sie frei auslebt, läßt die Teufel der Unterwelt auf sich los. Der Teufel ist nichts anderes, als die den Gesetzen der Materie hörigen körperlichen Triebe. Diese Kräfte sind wie ein bockiges Roß: wenn wir schwach sind, werden wir heruntergeworfen, oder, wenn es scheut, wirft es uns in den Graben. Wird es aber gezähmt, so erhalten wir den treuesten Diener, der in allen Lagen zu uns hält und der beste Läufer wird. Auf seinem Rücken können wir mit Pfeilgeschwindigkeit unserem großen Ziele entgegengehen. Die aus dem Körper stammenden untergeordneten Triebe dürfen aber nicht einfach unter das Bewußtsein zurückgedrängt werden, da sie sonst die verschiedensten Übel verursachen können, im Gegenteil, sie müssen ins Bewußtsein heraufgebracht werden. Wir müssen sie richtig erkennen und dann werden wir sie nach Belieben *umwandeln* können, so daß sie nicht nur keine Krankheiten verursachen, sondern zu unserer Erhöhung, zur geistigen Entwicklung verwendet werden können.

Alle Kräfte stammen aus dem höheren Selbst, — und wenn wir die bisher als Triebe geoffenbarten Kräfte bis zum Urquell zurückführen können, so können wir mit diesen umgewandelten, — nach Freud sublimierten Kräften, im Gegensatz zu den untergeordneten, unterdrückten und dadurch Krankheiten verursachenden Trieben, Heilungen erreichen, die ans Wunderbare grenzen. Die großen Seelenforscher sprechen bereits von einem tiefinnersten »ICH«. Individuen, die durch Hypnose in einen Trancezustand gebracht wurden, konnten dieses »überbewußte Ich« erreichen, wo auch für sie Raum und Zeit aufhörten. Sie konnten über Dinge und Menschen sprechen, die auf der anderen Hälfte der Erde sich befinden, als wären sie in ihrer unmittelbaren Reichweite, sie sahen alles und wußten alles, und ihre Krankheiten wurden in diesem Zustand ganz unerklärlicherweise geheilt. Aber die Menschen denken, daß dieser Zustand nur in der Hypnose erreichbar sei.

Beim Lesen psychologischer Bücher dieser Art müssen wir unwillkürlich an die Bibel denken, wo berichtet wird, daß Moses der letzte Diener Gottes gewesen sei, mit dem ER von Angesicht zu Angesicht sprach. Den nach Moses Kommenden teilte ER seinen Willen nur mehr im Traume – also im tiefen Schlafe mit. Ja! – Ebenso wie man dem kollektiven Unbewußten der modernen Seelenforschung im Schlaf und Traum nahekommen kann. Die Seelenforscher sind im Begriff, im tiefinnersten Ich die Quelle des Lebens, das göttliche SELBST zu finden.

In Indien befaßt man sich seit Menschengedenken mit den Geheimnissen der Seele, und für die indischen Meister ist die Welt jenseits des Bewußtseins mit ihren unteren und oberen Schichten ein erschlossenes Gebiet. Sie wissen auch darüber Bescheid, wie man das göttliche SELBST *mit vollem Bewußtsein,* im Wachzustand, erleben kann.

Wie tief auch das Bewußtsein des Durchschnittsmenschen sinken mag, in den für ihn unbekannten, unbewußten Schichten seines Selbst thront unangetastet, in strahlendem Glanz, das LEBEN, das ÜBERSELBST. Dieses ÜBERSELBST spornt und treibt den Menschen ständig an, mit den Gebundenheiten der materiellen Welt sich nicht zufrieden zu geben, sondern bemüht zu sein, aus dem Sklaventum so schnell wie möglich frei zu werden. Diese anspornende Tätigkeit unseres SELBST offenbart sich im Menschen in der Sehnsucht nach Vollkommenheit und in dem Suchen nach Freiheit.

Vom Urmenschen des primitiven Grades bis zum Menschen mit dem höchstentwickelten Verstand lebt in jedem der Wille nach Freiheit, unbewußt oder bewußt. Instinktiv ist er bemüht, seine Macht zu erweitern, die ihn umgebenden Naturkräfte, die Tiere und auch die Menschen zu beherrschen, tun zu können was ihm beliebt, nicht gebunden zu sein, *frei zu sein.* Der fatale Irrtum liegt nur darin, daß er die Befriedigung all seiner egoistischen Wünsche als Freiheit wähnt. Das Ergebnis davon ist aber gerade das Gegenteil, denn er wird vielmehr ein Sklave seiner Begierden. — Vom Urmenschen, der sich eine Keule anfertigte, um seine Macht zu vergrößern, bis zum heutigen modernen Menschen, der bemüht ist, alle Errungenschaften der Technik zu seiner Bequemlichkeit und seinem persönlichen Zweck zu gebrauchen, haben alle unbewußt nach der Freiheit gestrebt. Da sie aber die Freiheit nicht dort suchten und auch heute nicht dort suchen wo sie ist, machen sie sich selber immer mehr zu Sklaven. Auch die Jagd nach Geld und Reichtum zeigt, daß die Menschen unbewußt oder bewußt, vom Freiheitsdrang gepeitscht werden und sich vorstellen, daß Besitz ihnen diese Freiheit bringen könnte. Das Resultat ist, daß sie Sklaven dieser Jagd sind und ihr ganzes Leben mit der Begierde nach Geld vertun, alle Kräfte ihres Geistes daran setzend, um auszuklügeln, wie sie sich ein Vermögen schaffen könnten. Wem es schlußendlich gelingt, der wird zum Gefangenen seines Besitzes, will immer mehr schaffen und raffen und das Schwanken der Werte und die stete Ungewißheit halten ihn in ewiger Sorge.

Es gibt auch solche, die nicht im Besitz, aber in der Macht die Freiheit erblicken. Sie glauben, dies sei Freiheit, wenn sie über andere dominieren können. Sie verwenden den Großteil ihres Lebens dazu, hohe Stellungen zu erjagen, indem sie ihre Mitmenschen mit geübten Ellbogen beiseite schieben und über sie hinwegschreiten. Haben sie ihr Ziel erreicht, werden sie selber Sklaven der Macht und können sich vor lauter eigenen Fesseln, vor Titel und Rang und deren Verpflichtungen, nicht mehr rühren. So ruinieren sie ihr Dasein. — Es gäbe noch sehr viele Beispiele, wie sich Menschen in selbstgeschmiedeten Ketten ohnmächtig winden, auch dann, wenn sie gerade durch den Wunsch nach Freiheit dazu getrieben werden, denn dieses Streben und Getriebensein bringt ihnen nur neue Fesseln, wie es Rabindranath Tagore so wunderbar ausdrückt:

»Gefangener, sag mir, wer schmiedete so sorgfältig deine Kette?« –

»Ich war es«, sagte der Gefangene, »der diese Kette so sorgfältig schmiedete. Ich dachte, meine unsichtbare Macht wird die Welt gefangen halten und mich in ungestörter Freiheit lassen. So arbeitete ich Tag und Nacht an der Kette mit großem Feuer und unbarmherzig harten Schlägen. Als schließlich die Arbeit fertig – und die Kettenglieder vollkommen und unzerbrechlich waren, fand ich, daß *sie* mich in ihrem Griff gefangen hielten.« –

Aber gibt es denn überhaupt eine Möglichkeit, daß der Mensch frei werde? – Gewiß! – Christus lehrt uns: »Wer sein Leben in dieser Welt verliert, wird es für das ewige Leben retten . . .« (Joh. 12/25). *Von unserer eigenen Persönlichkeit müssen wir frei werden!* – Die in unserer Person innewohnenden Begierden machen uns zu Sklaven. Wenn wir von diesen frei werden, erreichen wir die volle Freiheit.

Die einzige echte Freiheit ist die vollkommene
WUNSCHLOSIGKEIT! –

DER WEG AUS DEM SKLAVENTUM IN DIE FREIHEIT:
DAS IST YOGA!

*

»Führe mich
aus der Unwirklichkeit in die Wirklichkeit,
aus der Finsternis in das Licht,
aus dem Tod in das LEBEN.« –

Dieses uralte indische Gebet sei unser Führer, um den richtigen Weg zu finden, und von diesem nie abzuweichen.

Die Wunschlosigkeit befreit uns vor dem trügerischen Blendwerk der materiellen Welt. — Die Wunschlosigkeit weitet uns den Blick, ändert gründlich unsere Gesichtspunkte, so daß wir uns zur Sachlichkeit durchringen können, die uns alles nach dem richtigen Werte beurteilen läßt. — Die Wunschlosigkeit befreit uns von dem Bösen, da unsere untergeordneten Triebe nicht mehr die Herrschaft über uns erlangen können. — Die Wunschlosigkeit befreit uns von allen Bürden des irdischen Lebens und die Seele kann sich frei zum Throne Gottes heraufschwingen. — Die Wunschlosigkeit befreit uns von dem Tode, denn sobald die Wünsche und Begierden uns nicht mehr in die materielle Welt herabziehen, hört für uns der Kreislauf von Geburt und Tod auf und wir sind imstande, die ewige Freiheit des Geistes, frei von Raum und Zeit, genießen zu können. — Es ist möglich, dies schon im irdischen Leib zu erleben und es zu verwirklichen, denn wenn unser irdischer Körper auch der materiellen Welt angehört, — unser Bewußtsein kann sich erheben und mit dem universellen, göttlichen SELBST eins werden.

»Streife jede Begierde von dir ab, — was aber übrig bleibt von dir, ist: Gott!« — sagte Eckehart, der große Mystiker des deutschen Mittelalters.

Wie sollen wir aber wunschlos sein? — denn es ist leicht auszusprechen, aber sehr schwer, es auszuführen. Wie soll ich von meinen verschiedenen Begierden loskommen, wenn *ich sie selbst* haben will?

Hier liegt der große Irrtum des Menschen. — Das ICH — das SELBST, — hat keine Begierden. Die Begierden sind stets die in unserem körperlichen Sein tätigen Naturkräfte, mit denen sich ein Mensch mit vermindertem Selbstbewußtsein identifiziert. So schafft er verschiedene Schein-Ich in sich, die er durch unentwegte Befriedigung leiblicher Begierden und durch die Macht der Gewohnheit großzieht und nicht imstande ist, einen Unterschied zu finden zwischen dem selbsterzeugten, nicht echten Schein-Ich und seinem eigenen, wahrhaftigen, göttlichen Wesen, seinem unsterblichen, echten SELBST.

Die Gesamtheit dieses Schein-Ich's bildet die Persönlichkeit. An uns selbst können wir die Entstehung und den ständigen Wandel dieser »Ich« beobachten. Eines verschwindet, und statt seiner kommt ein anderes. Heute sind wir von etwas eingenommen, am nächsten Tag wird unsere Begeisterung abflauen, — vielleicht hat sich das Wetter geändert und die elektrische Spannung der Luft ist eine andere geworden, — und wir verstehen gar nicht, wie wir einen Tag vorher etwas wünschen konnten, wofür wir jetzt nichts mehr übrig haben. Unser heutiges Ich versteht unser gestriges nicht, noch weniger jenes vergangener Jahre. Unter dem Einfluß augenblicklicher Eindrücke entstehen immer neue Persönlichkeiten in uns. Wer sich aber mit seinem Selbstbewußtsein fest an das in seinem tiefsten Innern innewohnende, unveränderliche, ewige SELBST klammert, den können diese wechselnden Schein-Ich nicht irreführen, noch von dem Wege abbringen. — Er wird sie kontrollieren und nach Belieben als seine Diener gebrauchen. Unablässig müssen wir wachsam sein, daß diese Schein-Ich in uns nicht überhandnehmen. Diese ständige Kontrolle wird unsere Willenskraft Tag für Tag stärken und unser seelisches Gleichgewicht bewahren. Wer dies unterläßt und den persönlichen Schein-Ich freie Bahn läßt, gerät auf die schiefe Ebene. Ein solcher Mensch wird stets verändert, sei es durch das Altern seines Körpers, durch eine Reise und etwaige Klimaänderung, durch einen Wechsel in der Ernährung und durch hunderterlei andere Faktoren. Er ist ein Unglück für sich selbst und alle jene, mit denen er in irgendeiner Verbindung steht. Unter dem Einfluß einer flüchtigen Stimmung heiratet er, wählt sich einen Beruf, macht Versprechungen, unternimmt allerlei, um schon nach kurzer Zeit von anderen Dingen beeindruckt zu sein und wieder ein anderer Mensch zu werden, einer anderen Frau nachzulaufen, die Arbeit liegen zu lassen, die Versprechungen zu brechen, sich selbst, seine Familie und alles was er anrührt zugrunde richtend. — Einem solchen Menschen geht das echte Verantwortungsgefühl vollkommen ab, weil er aus dem Zentrum wo das ÜBERSELBST in seiner Unveränderlichkeit thront, herausgefallen ist. Er besitzt kein Fundament, auf das man bauen kann, es wohnt ihm keine zusammenfassende Kraft inne, sein Wille ist verkümmert, sein Selbstbewußtsein zusammengeschrumpft. Ein überdurchschnittlicher Grad dieses Zustandes wird Geisteskrankheit genannt. Wo liegt aber die Grenze? . . . Wer vom Trunk und Tabakrauchen nicht lassen kann, leidet auch an Willensschwäche. — Die große Mehrheit der Menschen versucht gar nicht, sich selbst zu beherrschen. Glücklicherweise zwingt aber einen jeden das Schicksal bis zu einem gewissen Grade dazu. Der zum Selbstbewußtsein erwachte Mensch sieht, daß alles eine Frage der Stufe ist und wann der in das Netz des Schein-Ich verstrickte Mensch für andere gefährlich wird.

Wenn der Mensch die in sich selber großgezogenen Schein-Ich erkennt und kontrolliert, dann versteht er, daß die Begierden aus diesen, und nicht aus dem wahrhaftigen Selbst, entstehen. Er kann sich ihrer entledigen, indem er das Gegenteil davon unternimmt, was jene in ihm wünschen. Die Schein-Ich beginnen dann allerdings zu revoltieren, greifen mit ungeahnter Kraft an und verursachen oft bittere Qualen. — Wer asketische Übungen gemacht hat, kennt diesen inneren Kampf sehr gut. — Sind wir aber stark, und halten wir uns unentwegt an unser wahres Selbst und harren aus, dann werden wir befreit und sind fürderhin Herr im eigenen Hause. Haben wir gesiegt, so werden in uns Kräfte frei, von denen wir bisher keine Ahnung hatten, daß wir sie besitzen. Die verschiedenen asketischen Übungen sind also sehr der Mühe wert, weil sie durch Stärkung unserer Willenskraft uns helfen, den Kampf zu gewinnen. Der erste notwendige Schritt ist, den Ursprung der in uns tätigen Begierden kennenzulernen. — Sehen wir nun, welche unter diesen die stärksten sind.

Immer wieder werden wir in der Falle der Natur gefangen und identifizieren uns mit den zwei stärksten und höchsten Naturkräften, mit dem Selbsterhaltungs- und dem Fortpflanzungstrieb.

Das kleine Kind hat gerne Zucker, es findet ihn wohlschmeckend und wird nie satt davon. Der Erwachsene hat kein Verlangen nach viel Zucker, er findet ihn widerwärtig. Alte Leute wiederum essen gerne viel Zucker, und es schmecken ihnen hauptsächlich Süßspeisen. — Hat wohl das innere Selbst den Zucker gewünscht, wenn das Kind oder der Greis davon so eingenommen ist? Hat ihn das innere Selbst beim Erwachsenen als widerwärtig abgelehnt? — Nein! — das innere Selbst hat keine Eßgelüste, ist immateriell. Der Mensch hat sich nur durch die Natur einfangen lassen, er hat sich mit dem Selbsterhaltungstrieb identifiziert, der im Kindesalter den Zucker zur Stärkung der Knochen, im Greisenalter aber zur Kräftigung des Herzens erfordert. Auf des Lebens Höhe lehnt ihn der Mensch ab, da er ihn nicht in solchem Maße nötig hat. Stets wird dem Menschen das schmecken, was sein Organismus braucht, — vorausgesetzt, daß er seine gesunden körperlichen Triebe nicht mit verschiedenen Betäubungsmitteln und schlechten Gewohnheiten verdorben hat. Wir können die Erfahrung machen, daß Menschen, die an geringer Magensäure leiden, saure

Speisen bevorzugen, und daß blutarme für Lebergerichte eingenommen sind. Nicht ihr SELBST hat diese Vorliebe, sondern die Natur in ihnen.

Ein weiteres Beispiel: Gesunden Männern gefallen in der Regel Frauen, die einen schön geformten Busen und volle Hüften haben. Sie glauben, solche Vorliebe sei ihr eigener Geschmack. Doch sie werden wieder nur von der Natur verlockt, diese ist in ihnen tätig und lenkt ihren Sinn, weil sie dazu zwingt, eine Frau für schön zu finden und zu wählen, die für die künftige Mutterschaft geeignet ist. Denn wohlgeformte Hüften und ein gut gebautes Becken sind zum Austragen und zum Gebären des Kindes nötig und ein entwickelter Busen sichert seine zukünftige Ernährung. Denkt wohl ein Mann, dem eine schön gebaute Frau gefällt, daß sie ihm deshalb gefällt, weil sie eine geeignete Mutter seines zukünftigen Kindes sein wird? . . . Nein! — Aber er leistet ganz unbewußt der in ihm tätigen Kraft der Natur, dem Arterhaltungstrieb, Folge.

Wir müssen uns bewußt sein, daß die Natur in uns ständige Forderungen an uns stellt, — daß wir uns aber nicht mit diesen Forderungen identifizieren dürfen, denn sonst ist unsere Freiheit im Augenblick verloren. Der Mensch mit entwickeltem Selbstbewußtsein ist kein Sklave dieser mächtigen Triebkräfte. Er wird sie erkennen und wird frei wählen, ob er ihnen folgen will oder nicht. — Diese Kräfte sind weltbewegende Kräfte, die wir — soweit wir sie bewältigen und bewußt lenken — zu magischen Kräften gestalten können, um mit ihnen ebenfalls Welten zu bewegen.

Die ständige Kontrolle und Analyse unseres Ich bringt die Überraschung, daß nicht nur die Geheimnisse unseres SELBST uns offenbar werden, sondern, — parallel mit der Erweiterung des Selbstbewußtseins und dem Erkennen des wahren SELBST, — auch unser Gesichtskreis sich stets erweitert und unsere Kenntnisse nach allen Richtungen von Stufe zu Stufe zunehmen. Wir gelangen so zu der von Sokrates gelehrten Wahrheit: »Mensch, erkenne dich selbst, dann weißt du alles.« — Wenn ich etwas erkenne, das ich bisher nicht wußte, so entsteht in mir eine Erleuchtung, bei deren Glanz ich erblicke, was ich bisher im Dunkel nicht sah. Trotzdem aber war es in mir gegenwärtig, mußte schon immer in mir gewesen sein, — da ich ja nichts aus der äußeren Welt in mich aufnahm, — denn dies ist unmöglich, — sondern ich fand diesen Teil der Wahrheit in der Tiefe meines ICH. Jede äußere Wahrnehmung, ob durch Sehen, Hören, Riechen, Schmecken, Tasten, lüftet in mir nur einen Schleier von etwas, das in meinem Inneren schon sein mußte, — sonst könnte ich es nicht *ent-decken,* — allein ich wußte nichts davon. — Als Edison seine epochalen Erfindungen machte, wurde jener Teil der Wahrheit, den er zu sehen bekam, in ihm selbst klar, in seinem Bewußtsein klar, — nicht aber außen, irgendwo im Zimmer, in dem er arbeitete. Die entdeckte Wahrheit mußte also auch früher schon in ihm stecken, aber im schlummernden, unbewußten, latenten Zustand. Der Makrokosmos ist vollkommen auch im Mikrokosmos enthalten: im Menschen. Jedes Gesetz, das im Weltall herrscht, ist in uns zu finden, und deshalb ist es nicht außen, sondern in uns selbst zu suchen. Unwissenheit bedeutet also, daß sich etwas im latenten, schlummernden, verborgenen Zustand in mir befindet, *jenseits der Grenze der Ausbreitung meines Bewußtseins!* — In dem Maße, wie ich mein Bewußtsein erweitere, im selben Maße verschiebt sich die Grenze immer mehr und mehr nach außen und im selben Maße erweitert sich auch mein allgemeines Wissen! — Die Wahrheit wohnt in ihrer Vollständigkeit in jedem von uns gleicherweise, jedoch befindet sich bei dem einen ein größerer Teil im beleuchteten — aktiven — Zustand als beim anderen, und so ist unser Wissen verschieden gestuft. Wollen wir die ganze Wahrheit finden, so müssen wir uns selbst vollständig kennenlernen, uns ganz bewußt machen! — Die Menschen vernachlässigen, — bei all ihrem erstaunlichen Wissen in allen Richtungen, — fast vollständig die Erforschung ihres eigenen Wesens und sind überhaupt nicht fähig, sich selbst zu analysieren. Carrell, der weltberühmte Nobel-Preisträger, erörtert dies in seinem Werk »Der unbekannte Mensch« in gründlicher Weise und bezeichnet jene große Nachlässigkeit, mit der die Menschheit die Frage der Selbsterkenntnis behandelt, als Ursache des allgemeinen Unglücklichseins. — »Die Lebenswissenschaft hat sich langsamer entwickelt, als das Wissen von der leblosen Materie. Wir kennen uns selbst nicht!« — Mit statistischen Daten beweist der große Arzt, daß die Zahl der Geisteskranken auf der ganzen Welt ständig im Zunehmen begriffen ist. Solange die Menschheit nicht weiß, was das SELBST ist, wird man jene Gruppe von Geisteskrankheiten, — deren Ursache nicht in organischen Veränderungen zu suchen ist und die einfach

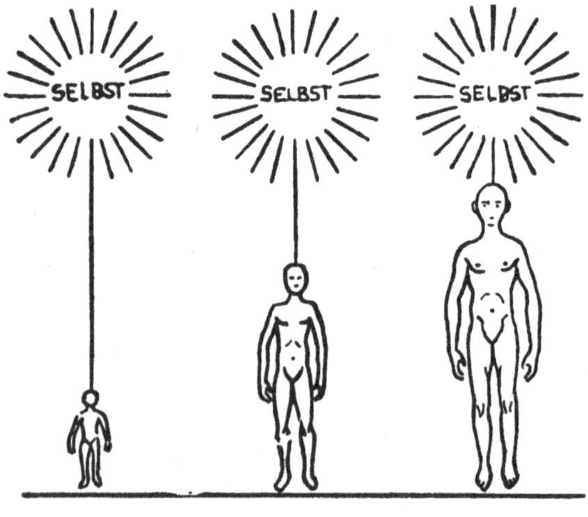

mit dem Wort »Schizophrenie« gedeckt werden, — nicht heilen können. Auf deutsch bedeutet dieses Wort »Ichspaltung«. Ja, — bei diesen Geisteskrankheiten stimmt etwas nicht mit dem Ich, — und würde man das Geheimnis des SELBST kennen, wüßte man auch, wie dem Übel vorgebeugt, und wie es geheilt werden könnte.
Christus lehrt: »Ich bin der Weg und die Wahrheit und das Leben. Niemand kommt zum Vater als durch MICH« (Joh. 14/6). — Ja! — Das ICH, das SELBST ist der Weg zum Vater, denn das SELBST ist das LEBEN in uns. Das SELBST ist wie ein aus dem Himmel herabhängendes Seil. Das obere Ende befindet sich in Gott, das untere im Menschen. Das Bewußtsein muß hinaufklettern an diesem Seil. Das obere Ende ist das vollentfaltete, vollkommene, göttliche Selbst-Bewußtsein, — das untere Ende ist die Unbewußtheit. —

DER WEG AUS DER UNBEWUSSTHEIT IN DAS GÖTTLICHE BEWUSSTSEIN: DAS IST YOGA!

Wer aber an diesem Seil emporgeklommen ist, dem wird die Überraschung, — daß das Seil von *allen* Ich aus *einem* Punkt herabhängt, und daß alle jene, deren Bewußtsein hinaufgelangt ist in die Vollentfaltung, — *in ein einziges, universelles Selbstbewußtsein zusammenschmelzen.*
Das wirkliche Wesen des Menschen ist nicht die Person. Die Person des Menschen ist nur eine Spiegelung unseres wahren SELBST. Da aber unsere Person unvollkommen ist, ist auch die Spiegelung verzerrt und neblig, so daß die Vollkommenheit in strahlender Reinheit, — wie sie in ihrem göttlichen Ursprung sich darbietet — kaum zu erkennen ist. — Durch ein trübes und dunkles Fenster kann die Sonne nicht scheinen in ihrer blendenden Pracht. Reinige ich aber das Fenster meines ICH, so werde ich mit den Strahlen, die

durch die Scheibe dringen, den Weg zurück zur wirklichen, lebenspendenden Sonne finden. Und ebenso wie es unzählbare Sonnenstrahlen gibt, die alle aus *einer* Sonne ausgehen, ebenso entspringen die unzählbaren Ich aus *einem einzigen, göttlichen SELBST.* –

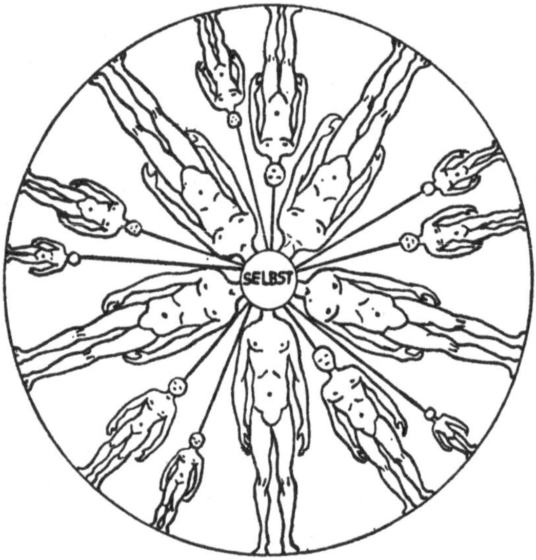

»Ich bin der Weinstock, ihr seid die Reben . . .« (Joh. 15/5)

Wenn wir einen langen Korridor, der unzählige Fenster hat, entlanggehen, so sehen wir, daß die Sonne durch jedes Fenster leuchtet, und auf den Steinplatten, die von der Sonne beschienen werden, entstehen Flecken von verschiedenen Farben. Hat nun jedes Fenster eine eigene besondere Sonne, die hereinscheint und die Sonnenkringeln auf den Steinen verursacht? – Nein! – Wir wissen, daß nur eine Sonne durch alle Fenster scheint, und die vielerlei beleuchteten

Flecken an den farbigen Steinplatten sind ein Lichtspiel der einen Sonne. Nicht die Sonne ist verschiedenfarbig, sondern die Materie, die Steine, die von der Sonne nur beleuchtet werden. — Ebenso: ein einziges göttliches SELBST leuchtet durch jedes Bewußtsein. Unser Verstand wird vom Glanz eines einzigen SELBST beleuchtet, aber das bunte Vielerlei der Persönlichkeiten wird von der Verschiedenheit der spiegelnden Oberfläche verursacht. — Wem es gelungen ist, sein Bewußtsein aus dem persönlichen Ich zum göttlichen SELBST zu erheben, der weiß, daß dies keine Legende, sondern eine PSYCHOLOGISCHE TATSACHE ist! — Er wird den symbolischen Sinn des letzten Abendmahles erkennen: — Christus nimmt das Brot, segnet es und sagt: ». . . das ist mein Leib« (Matth. 26/26). Dann bricht er das Brot und reicht jedem ein Stück. Weil das Brot der Körper des ICH war, so ist in jedem einzelnen Stück ein Teil dieses ICH. Und so wie diese Stücke die Teile *eines* Brotes sind, so sind die uns belebenden, scheinbar verschiedenen Ich die Teile eines einzigen ICH. Dieses universelle göttliche SELBST ist nach der Bibel das WORT, — der LOGOS, — das ALPHA und OMEGA: — CHRISTUS! —

»Ich bin der Weinstock, ihr seid die Reben« (Joh. 15/5), sagt Christus in der Bibel. Wie klar wird diese Sprache für jene, die das Geheimnis des SELBST kennen. Das universelle SELBST ist der Stamm, der Stock, — die Personen sind die Reben. — »Du sollst deinen Nächsten lieben wie dich selbst.« (Mark. 12/31). — Ja, — denn du — und er — und alle, — sind die Reben desselben Weinstockes, Teile des einen SELBST. Tust du einem andern etwas zuleide, — hast du es dir selbst getan, und Gewissensbisse sind die Stimme des inneren Selbst, das du in dir, — durch die Tat an deinem Nächsten, — beleidigt hast.

»Denn gleich wie *ein* Leib ist, und hat doch viele Glieder, alle Glieder aber eines Leibes, wiewohl ihrer viele sind, sind sie doch ein Leib: also auch Christus« (1. Kor. 12/12).

Jedes Wort der Evangelien wird jenem klar werden, der aus eigener Erfahrung weiß, daß sie über den lebendigen wahrhaftigen Christus sprechen, — der mit uns war, ist und sein wird, bis ans Ende der Welt. Denn Christus ist das SELBST, das LEBEN und die WAHRHEIT, — und wer an IHN glaubt, wird — auch wenn er stirbt — leben.

Wer die Bibel versteht, weiß, daß die Verheißungen des Gottmenschen auf psychologischen Tatsachen begründet sind. Er weiß, daß jener Christus, der sagte: ». . . ICH bin das Leben« (Joh. 14/6), kein fernes Idealbild der Vorstellung, sondern eine Tatsache ist, eine in allen Zeiten lebendige Wahrheit, wie auch das Leben Tatsache und Wahrheit ist. — »Ich bin bei euch alle Tage bis an der Welt Ende« (Matth. 28/20), versprach ER, — und Er *ist* mit uns, denn solange Leben auf Erden sein wird, bleibt Christus mit uns, ist er doch das LEBEN, — das wahre SELBST. Würde uns das Leben verlassen, dann wäre das »Weltende« schon da. Ohne Leben gibt es keine Welt. — Das Leben, dessen Erscheinungsform in unserem Bewußtsein das SELBST ist, kann nie aufhören, nie sterben. Nur die Personen wechseln, die Erscheinungsformen, so, wie am Menschen die Kleider. Wer sich nicht mit der Person, sondern mit dem SELBST identifiziert, der kann nicht sterben mit der Person, sondern lebt weiter im unsterblichen, ewigen, göttlichen SELBST. Lebt einer im Licht, — ist er das Licht selbst, — wie kann der Schatten, das Dunkel sich seiner bemächtigen?

Das Leben kann ich nur in mir selbst finden, durch mein eigenes Leben, nicht durch das eines andern. Apostel Paulus lehrt im Römerbrief (8/10): »So aber *Christus in euch ist*, so ist der Leib zwar tot um der Sünde willen, der Geist aber ist Leben um der Gerechtigkeit willen.« — Und im 2. Korintherbrief (1/35): ». . . oder erkennet ihr euch selbst nicht, daß Jesus Christus in euch ist?« Paulus wußte, daß das LEBEN, das SELBST und CHRISTUS, ein und dasselbe sind.

Wie sonderbar es auch klingen mag, so ist es doch so, daß die indischen Yogis das wissen, da sie in der Vereinigung mit dem göttlichen ICH Christus erleben, nur nennen sie diesen Zustand anders, — sie nennen ihn mit dem Sanskritwort: Samadhi.

Im heiligen Buch der Inder nennt man den verkörperten Logos Krishna, und er sagt über sich: »ICH bin das LEBEN in allem was lebt.« Und in der Bibel sagt das fleischgewordene Wort, Christus: »ICH bin das LEBEN.« Nur einige Buchstaben des Namens sind der Unterschied.

Jene Yogis, die die Bibel kennen, — denn es gibt auch viele solche, — wissen, daß Christus bei den Christen das heißt, was die Inder unter dem Namen Krishna verstehen: — das göttliche SELBST, — und sie wissen auch, daß es zu allen Zeiten und in jeder menschlichen Seele dieselbe lebendige Tatsache ist. — Apostel Paulus drückt es so aus: »Hier ist kein Jude noch Grieche, hier ist kein Knecht noch Freier, hier ist kein Mann noch Weib; denn ihr seid allzumal einer in Christo Jesu« (Gal. 3/28).

Mit diesem göttlichen SELBST, oder wie die christliche Religion es nennt, mit dem Christus selbst, vereinigten sich Franz von Assisi und die anderen christlichen Heiligen, die diesen Zustand erlebt haben. Mit demselben SELBST vereinigten sich auch die Mystiker des Mittelalters in der »Unio Mystica«, und mit demselben SELBST vereinigt sich jeder Yogi im Samadhi-Zustand. Die Seligkeit ist für jeden Menschen nur auf eine Weise erreichbar, wo und wann immer er lebt, ob seine Hautfarbe nun weiß, schwarz, gelb oder rot ist, — denn: ». . . Gott siehet die Person nicht an« Apostelge. 10/34).

Bedeutet aber diese Seligkeit für alle das Gleiche, nämlich die Vereinigung des menschlichen Bewußtseins mit Gott, so bedeutet es auch, daß alle jene, die dies erleben, *miteinander* eins werden. Das göttliche SELBST ist das LEBEN in allem und jedem. Wird jemand eins mit dem LEBEN selbst, so wird er eins mit allem was lebt! — Er fühlt sich eins mit jedem Lebewesen, seine Eigenliebe hört auf und geht über in Unpersönlichkeit, sein ganzes Wesen wird mit universeller Liebe erfüllt. Diese Liebe ist die echte Liebe Christi, die *jeder Sentimentalität fern liegt,* die Stimmungen, persönlichem Geschmack und persönlicher Neigung nicht unterworfen ist, — denn sie ist ein Zustand — und die, ohne Rücksicht darauf, ob die äußere Form schön oder abstoßend, gut oder böse ist, alles selbstlos liebt und in allem lebt was lebendig ist.
Im Grunde genommen gibt es keinen Unterschied zwischen selbstsüchtiger und selbstloser Liebe. Liebe gibt es nur eine. Aber der am Persönlichen haftende Mensch hat sich vom großen Ganzen isoliert und fühlt die Liebe nur gegen seine eigene Person und jene, die dieser Person nahe stehen. Jene aber, die im inneren SELBST das Aufhören der materiellen Grenzen erlebt haben und sich in ihrem Bewußtsein mit dem ganzen lebendigen Weltall eins fühlen, erweitern mit ihrem Bewußtsein ihre Liebe auf das große Ganze. Ihre Liebe ist nicht egoistisch, sie kann es auch nicht mehr sein, denn in ihnen selber ist alles drinnen. Ein solcher Mensch liebt alle gleich, den Bösen wie den Guten, so, wie die Sonne ihre lebenspendenden Strahlen in gleicher Weise über Unkraut und Edelpflanzen, auf den Raubmörder wie auf den Heiligen sendet.

Carrell beschreibt in anschaulicher Weise die verschiedenen Stufen der Liebe:

». . . die anatomische Grenze ist nur eine scheinbare

Grenze des Individuums. In diesem ist unsere geistige Persönlichkeit nicht enthalten. Die Liebe und der Haß sind Wirklichkeiten. Diese Gefühle sind es, die die Menschen in positiver Weise aneinander knüpfen, wie groß auch die Entfernung zwischen ihnen sein mag. Einer Frau verursacht der Verlust ihres Kindes größeren Schmerz, als der Verlust eines eigenen Beines. Das Zerreißen irgendeiner gefühlsmäßigen Bindung kann auch den Tod verursachen. Wäre uns die Möglichkeit gegeben, diese nicht materiellen Verbindungen sichtbar zu machen, würden die menschlichen Wesen eine ganz neue und sonderbare Gestalt annehmen. Manche dürften kaum über ihre anatomischen Grenzen hinausreichen. Andere aber würden sich bis zum Panzerschrank einer Großbank, wieder andere bis zum Geschlechtsorgan eines anderen Menschen, es würde auch solche geben, die sich nach Nahrungsmitteln oder Getränken, andere vielleicht nach einem Hund, einem Schmuckstück oder einem Kunstgegenstand erweitern. Einige würden wie Riesen aussehen, mit mächtigen Fangarmen versehen, die sie an die Familie, an den Freundeskreis, an das alte Heim, an das Firmament und die Berge des Geburtsortes knüpfen. Führer von Nationen, große Menschenfreunde und Heilige würden uns erscheinen wie Riesen eines Kindermärchens, die ihre vielfältigen Arme über ein Land, einen Kontinent, eine ganze Welt ausstrecken . . .« —

Für jene, die im göttlichen SELBST eins wurden, ist diese Einheit eine lebendige Wirklichkeit, sie brauchen gar keine irdische Form, die sie untereinander verbindet. Sie gründen keine Vereine oder Orden, die sich Brüderlichkeit zum Ziele stecken, denn sie haben das nicht nötig, — sie sind durch die Identität des ÜBERSELBST verbunden. Sie erleben die Einheit auf der geistigen Ebene, — und diese kann von keiner, wie auch immer gearteten, irdischen Konstruktion beeinflußt, gestärkt oder aufgehoben werden. — Auch nicht vom Tode. — Gibt es doch für sie keinen Tod. — Im christlichen Credo heißt diese Einheit »Gemeinschaft der Heiligen«.

DER WEG VON DER ISOLIERTHEIT IN DIE EINHEIT: DAS IST YOGA!

In jedem Teil der Erde war das schlummernde Geheimnis der menschlichen Seele, die im menschlichen Selbst verborgene, grenzenlose Möglichkeit bekannt. Ausgegrabene Ruinen von uralten Kultstätten, die dort vorgefundenen symbolischen Abbildungen, — die auf der ganzen Welt dieselben und den Eingeweihten sehr gut bekannt sind, — erbringen den Beweis. Die Altertümer der Mayas, Inkas oder Altägyptens verkünden dasselbe Wissen, und es steht fest, daß auch heute Erleuchtete unter uns leben, die im Besitze dieses Wissens sind, wie z. B. die indischen Yogis. In Indien und Tibet leben auch heute zahlreich, an verborgenen Stätten von der Natur gut geschützt, die großen Meister, die ihre Schüler systematisch in die Geheimnisse einweihen. In Asien konnten die Überlieferungen seit mehr als sechstausend Jahren kontinuierlich lebendig bleiben, da die Umstände zur Bewahrung der Geheimnisse der menschlichen Seele günstig waren und es auch heute noch sind.

Die einzelligen Lebewesen brauchten Jahrmillionen, um durch alle Stufen der Reptilien, Vögel und Säugetiere sich bis zum heutigen Menschen zu entwickeln. Der menschliche Embryo macht nun aber von der Empfängnis bis zur Geburt alle Phasen dieser Entwicklung im verengten Zeitraum von kurzen neun Monaten durch. Die Folgerichtigkeit der Entwicklung muß vorhanden sein, — Sprünge gibt es in der Natur nicht, — aber trotzdem kann diese Zeit verdichtet werden. Der Geist steht über Raum und Zeit, weil er unendlich und von Gott ist. Große Geister haben durch ausdauernde Forschung entdeckt, daß die Menschheit nicht den sehr langsamen Prozeß der gemeinsamen Entwicklung, von der heutigen Stufe des durchschnittlichen menschlichen Bewußtseins bis zur göttlichen Bewußtseinsstufe, in weiteren Jahrmillionen durchzumachen braucht, sondern daß sie zeitverkürzt im Rahmen eines einzigen Menschenlebens durchschritten werden kann. Es gibt Methoden, mit deren Hilfe die verborgenen Fähigkeiten der menschlichen Seele aus ihrem schlummernden, latenten Zustande erweckt und zur Entwicklung gebracht werden können, damit sie wie prächtige Blumen in ihrer glänzenden Fülle sich entfalten, und für uns die schönste Frucht tragen können: die Vereinigung mit dem göttlichen SELBST. Diese erwähnten Methoden fordern alle die Entwicklung und Erweiterung des Bewußtseins. Die in verschiedene Systeme geordneten Methoden sind die verschiedenen Yogas. Man könnte fast sagen, soviele Menschen, soviele Methoden, denn auch die einzelnen Yogas ändern sich und passen sich an, je nach der verschiedenen Individualität der Menschen. Ja soviele Menschen, soviele Wege, aber so wie wir zwischen den Menschen ähnliche Typen finden, so haben sich für die verschiedenen Menschengruppen geeignete, verschiedene Yogasysteme entwickelt.

Das Wort Yoga hat im Sanskrit zwei Wurzeln und so ist auch der Sinn des Wortes doppelt. Die eine Bedeutung heißt: »sich versenken«, — in Gott versenken; die zweite entspricht dem Worte »Joch«: »verkoppeln«, »zusammenbinden«. Dies ist ein Hinweis auf die Ver-Bindung des ÜBERSELBST mit dem in seinem Joch sich befindenden persönlichen Ich. Sehr bezeichnend ist die Verwandtschaft des Wortes Yoga mit dem englischen Yoke, dem deutschen Joch, dem lateinischen Jugum, dem ungarischen Iga. Und auch die Worte Christi geben in diesem Sinne zu denken: »Nehmet auf euch mein Joch . . . denn mein Joch ist sanft und meine Last ist leicht« (Matth. 11/29—30). — Auch das irdische Alltagsleben ist ein Weg des Yoga, denn jede Minute bringt uns Erfahrungen, welche unser Bewußtsein ständig erweitern. Es ist aber der langsamste Weg der universellen Entwicklung, und es bedarf einer unendlichen Kette einander folgender Leben, bis der Mensch auf diese Weise den Wachzustand des wahren Selbstbewußtseins erreicht.

Yogaweg ist jede Beschäftigung, die mit Konzentration verbunden ist. Yogaweg beschreitet jeder Künstler, — denn die Inspiration ist eine Botschaft des ÜBERSELBST. Wenn der Künstler seine Aufmerksamkeit auf die Arbeit konzentriert, wird er sich mehr und mehr vertiefen, wodurch er den Weg von seinem persönlichen Ich zu den höheren geistigen Ebenen gangbar macht. — Yogaweg begeht der Gelehrte, der sich in seinem Laboratorium auf wissenschaftliche Probleme konzentriert. — Yogaweg geht auch der Artist, der es lernt, die in seinem Körper tätigen Kräfte zu beherrschen. — Yogaweg begeht jeder, dessen Tätigkeit mit Konzentration verbunden ist, weil diese das Bewußtsein erweitert.

Wie nun zum Beispiel ein Musiker, selbst dann, wenn er das größte Talent wäre, durch systematische Schulung eine viel vollendetere Stufe der Musik erreichen kann, als wenn er sein Instrument nur auf eine eigene Weise übt, — genau so können wir unser Bewußtsein viel rascher und zu einem höher vollendeten Grade entwickeln, wenn wir die von Generation zu Generation überlieferten und immer mehr entfalteten Yogasysteme bewußt und ausdauernd anwenden.

Der im Bewußtsein wach gewordene, die Erlösung erstrebende Mensch will schneller auf dem Wege der Entwicklung vorwärts kommen und dies gelingt ihm auch, wenn er die

Wegweisungen und Lehren der am Ziele angelangten Yogis und Meister befolgt. —

Das Bewußtsein lenkt Schwingungen in den Körper. Das Bewußtsein des Menschen auf niederer Stufe schaltet sich in die mehr materiellen, niederen Daseinsstufen ein und lenkt demzufolge die Strömungen der unteren Ebenen durch das Nervensystem in den Körper. — Je höher die Ebenen sind, zu denen das Bewußtsein des Menschen steigt, um so höhere Schwingungen werden die in den Körper gelenkten Strömungen sein. Der Widerstand des Nervensystems beim gesunden Menschen wird der Stärke der vom Bewußtsein eingeschalteten Strömungen genau entsprechen. Es wird also vollkommen in die Frequenz des ihm eigenen Bewußtseins eingestimmt sein.

Das Bewußtsein der Menschen befindet sich aber nicht immer auf der gleichen Stufe. Entsprechend der Individualität und innerhalb derselben, schwankt es zwischen einer oberen und unteren Grenze. In Augenblicken der Andacht und des reinen Glückes steigt das Bewußtsein höher, ein andermal aber, unter minderwertiger Einwirkung, sinkt es tiefer als der Normalzustand. Das Nervensystem verfügt über soviel Elastizität, um diesen Schwankungen zwischen gewissen Grenzen folgen zu können ohne schädliche Wirkungen zu erleiden. Bringt jedoch ein außerordentliches Ereignis das Bewußtsein über diese Grenzen hinaus, so wird das Nervensystem an den für sie überdimensionierten Strömungen erkranken. So kann eine plötzliche große Freude ebenso gut eine Nervenerschütterung verursachen, wie unerwarteter Schreck oder Jähzorn, denn in beiden Fällen erhält das Nervensystem eine seiner Widerstandskraft nicht entsprechende Strömung. Ist die Verschiebung nicht allzu groß, wird das Nervensystem diese Überspannungen noch ohne großen Schaden ertragen und überwinden. Ist aber der Unterschied in den Stromstärken zu groß, sind schwere Schädigungen, Lähmungen, Schlagfluß und vor allem auch Geisteskrankheiten zu gewärtigen. Wie in einer elektrischen Stromleitung Kurzschluß entsteht und die Einrichtung unbrauchbar wird, wenn ein für den Widerstand zu starker Strom eingeschaltet wird, ebenso gehen das menschliche Nervensystem und der Körper zugrunde, wenn ihnen nicht angemessene Strömungen zufließen.

Das Bewußtsein darf also nicht unbedacht und gewaltsam entwickelt werden. Heben wir das Bewußtsein zu plötzlich und erhält das Nervensystem, — ohne Vorbereitung, — Strömungen von zu hoher Frequenz, wird der Organismus des Körpers zerstört. Das ist der Grund und die Erklärung dafür, warum es in der Bibel heißt, daß Gott mit seinen Dienern, die nach Moses folgten, nicht von Angesicht zu Angesicht sprach. Sie waren noch nicht genügend vorbereitet, um die Hochspannung göttlicher Strömungen ertragen zu können. Sie konnten ihr Bewußtsein nicht bis zu Gott erheben. Moses konnte es. Sein Nervensystem war auch den Strömungen der höchsten Spannung gewachsen. Weiter heißt es in der Bibel, wenn Moses mit dem Allmächtigen sprach, — das heißt, in seinem Bewußtsein sich zu Gott erhob und sich mit IHM identifizierte, — dann habe sein Gesicht geglänzt und gestrahlt, so daß die Juden erschrocken vor ihm flohen. Von da an bedeckte er, nachdem er »mit Gott gesprochen« hatte, sein Antlitz mit einem Tuch, um keine Furcht zu erregen. Die Strömungen der göttlichen Ebene würden das Nervensystem eines unentwickelten Menschen sprengen, — versengen, — deshalb sind wir von der weisen Vorsehung so konstruiert, daß jeder sein Bewußtsein aus eigenem Antrieb nur so weit erhöhen kann, als dies vom Widerstand seines Nervensystems und dessen Elastizität zugelassen wird.

Werden auf die Schultern eines schwachen Menschen Lasten aufgeladen, die seine Muskelkraft übersteigen, so bricht er zusammen. Wenn aber dieser schwache Mensch seine Muskeln durch systematische Gymnastik gründlich stärkt und die Last erst dann auf seine Schulter nimmt, — oder wenn er zuerst nur kleine Lasten trägt und diese im Verhältnis zur Entwicklung seiner Muskeln langsam, stufenweise, Tag für Tag, steigert, so wird er dieselbe Last unter der er früher zusammenbrach, jetzt spielend tragen. Ja, falls er auch dann bei der Entwicklung seiner Kräfte nicht stillesteht, sondern seine Bemühungen fortsetzt, wird er auch noch viel größere Lasten mit Leichtigkeit tragen können.

So ist es auch mit dem Nervensystem. Vollziehen wir die Entwicklung des Bewußtseins stufenweise und vorsichtig, dann wird das Nervensystem Zeit haben, für neue Strömungen höherer Frequenzen sich zu kräftigen. Diese werden dann nicht nur keine schädliche Wirkung haben, sondern im Gegenteil: So, wie beim vorausgegangenen Beispiel des muskelschwachen Menschen richtige Übung den Gewinn gestärkter Muskeln brachte, ebenso bedeutet die Erhöhung der Widerstandskraft des Nervensystems einen unschätzbaren Gewinn, — nicht nur in bezug auf die Entwicklung des Bewußtseins, — also auf der geistigen Ebene, — sondern auch im physischen Bereich.

Die verschiedenen Yoga-Systeme stählen und stärken das Nervensystem nach verschiedenen Methoden, damit es fähig wird, die parallel sich verstärkenden Strömungen des steigenden Bewußtseins ohne Erkrankung zu ertragen. Es gibt Yoga-Methoden, die so sehr behutsam und allmählich die Stählung des Nervensystems betreiben, daß sie von jedermann ohne Gefahr angewendet werden können. Es gibt aber auch noch andere Yoga-Methoden, deren Zweck es ist, die Strecke in allerkürzester Zeit zu begehen. Diese reizen und beleben die Nervenknoten und Nervenzentren auch durch äußere Einwirkungen, um sie aus dem schlummernden Zustand herauszubringen und zu aktivieren. Diese Yoga-Systeme können nur von solchen Menschen geübt werden, die über ein außerordentlich starkes und widerstandsfähiges Nervensystem verfügen. Die Meister dieser Yogas wählen ihre Schüler selbst nach harten Erprobungen, denn für solche, die nicht über die nötigen Voraussetzungen verfügen, können diese Übungen von den schwersten Folgen sein, wie etwa Nervenzusammenbruch oder Geistesstörung. Es ist ganz natürlich, daß sowohl diese, aber auch fast alle der übrigen Yogas nur unter der Führung eingeweihter Meister geübt werden dürfen. Es wäre darum zwecklos, sämtliche Yogas hier einzeln zu erörtern. Eine flüchtige Übersicht über die wichtigsten Yoga-Arten erscheint trotzdem als nützlich, da wir dadurch einen Begriff von der Verschiedenheit der Wege erhalten können.

Unter den vielen Yogas gibt es solche, die einander sehr ähnlich sind, so daß man sie kaum trennen kann. Die Benennungen wechseln je nach der Gegend und haben sich mit der Zeit den verschiedenen Menschentypen angepaßt, so daß je ein Yoga zahllose Spielarten hat. So zum Beispiel sind Samadhi-Yoga und Kundalini-Yoga Variationen des Raja-Yoga (phonetisch Radscha-Yoga). Das Wesentliche und das Ziel ist aber bei allen dasselbe: das vollkommene Aufhören des persönlichen Selbst und seine Einschmelzung in das göttliche SELBST, — statt des persönlichen, vergänglichen Lebens die EWIGKEIT zu gewinnen, — die Erfüllung des Wortes Christi: »Wer sein Leben verliert, gewinnt es.« Dies ist das unmittelbare Ziel des als Raja-Yoga genannten Weges, — der enge, mühsame, steile Weg, — der biblische Christusweg. — Die übrigen Yogas sind eigentlich nur Vorbereitung für den Raja-Yoga.

Hatha-Yoga nimmt zum Ausgangspunkt den Körper*. Das Wort Hatha ergibt sich aus der Zusammensetzung von zwei Buchstaben. Der eine Buchstabe heißt in der indischen Ursprache »HA« und bedeutet Sonne, — der andere heißt »THA« und bedeutet Mond. Hatha ist demnach die Verbindung der positiven Sonnen- und der negativen Mond-Energien, das heißt, es bedeutet also das volle Gleichgewicht. Hatha-Yoga macht den Körper vollkommen gesund, entwickelt das Nervensystem und macht es bewußt, so daß alle Funktionen des Körpers unter die Herrschaft des Bewußtseins gelangen. Dadurch können untergeordnete Wünsche und Begierden den Hatha-Yogi in seinem seelischen Aufstieg nicht mehr behindern. Sein Körper wird zu einem reinen Gefäß, das wahrhaft würdig ist, nach den Worten des Apostels Paulus »Gottes Tempel« genannt zu werden.

Laya-Yoga ist der Weg zur Beherrschung der Willenskraft. »Laya« bedeutet auf deutsch Selbstbeherrschung. Laya-Yoga ist der Sammelname für mehrere Yogas, deren jeder sich mit der Erforschung und Entwicklung der verborgenen Fähigkeiten der Seele befaßt. — Hierher gehört auch

Bhakti-Yoga: Yoga der göttlichen Liebe. Der Bhakti-Yoga geht in tiefer Andacht und Liebe in Gott auf. Er opfert vollkommen seine Selbstsucht und wird, durch Konzentration auf die selbstlose Liebe, zum Herrn der in ihr innewohnenden Kräfte.

Schakti-Yoga ist der Weg zur Herrschaft über die mächtigen Kräfte, die der Natur innewohnen. Schakti ist der Name des weiblichen, negativen Prinzips der göttlichen Kräfte. Schakti dürfte auf deutsch etwa dem Begriff von »Mutter Natur« entsprechen.

---

* siehe ausführlicher: Yesudian, »Sport und Yoga«.

Mantra-Yoga ist ein Yoga der Zaubersprüche und Zaubertöne.

Yantra-Yoga ist der Weg des mystischen Erlebens geometrischer Figuren, – und eine Spielart davon ist

Mudra-Yoga, der sich mit der Erklärung und dem Gebrauch der mystischen Abbildungen und Symbole befaßt.

Dhyana-Yoga ist die Methode zur Zügelung der Gedanken.

Zum geistigen Wege gehören:

Karma-Yoga, das ist der Yoga der Aktivität und der Handlungen unter Verzicht darauf, daß etwas für Belohnung getan wird. Es ist der Weg der Tätigkeiten, jedoch muß jede Arbeit selbstlos für das Wohl der Allgemeinheit ausgeführt werden, im Sinne der Pflichterfüllung als unpersönliches Werkzeug.

Jnana-Yoga (phonetisch: Dschana-Yoga) bedeutet auf deutsch: Yoga der Weisheit. Er lehrt das Erschauen des Sinnes der Dinge durch innere geistige Betrachtung. Es ist der Weg der Erkenntnis.

Kundalini-Yoga ist der Weg zur Vereinigung der dem Menschen innewohnenden göttlichen Kräfte. Die Bezeichnung Kundalini bedeutet die negative, magnetische Kraft, die im untersten seelischen Zentrum im letzten Wirbelknochen des Rückgrates – auf sanskrit Muladhara-Tschakra – im schlummernden Zustand ruht. Nachdem wir diese Kraft erweckt haben, wird sie von Stufe zu Stufe höher gehoben, bis sie, durch alle seelischen Zentren – Tschakras – hindurchgehend, zum Zentrum in die Schädeldecke gelangt. Dieses Zentrum heißt auf sanskrit: Tschakra Sahasrarapadma, auf deutsch: »Tausendblättriger Lotus«. In diesem hat die positive, geistige, göttliche Kraft ihren Sitz, die, vereinigt mit der Kundalini-Kraft, Erfüllung und volle Erleuchtung bringt*.

---

* siehe ausführlicher: Yesudian, »Sport und Yoga«.

Alle diese Yogas und noch viele andere, deren Aufzählung zu langweilig wäre, bereiten den Menschen vor, um den Raja-Yoga besser erfüllen zu können und schalten die Hindernisse aus, die ihn beim Fortschritt aufhalten würden. So zum Beispiel werden die Übungen des Hatha-Yoga, durch die Bewußtmachung des Körpers, das Nervensystem zum Empfang der Strömungen eines höheren Bewußtseins vorbereiten. Die Bhakti-Yogi konzentrieren sich auf die universelle Liebe und nähern sich dem höheren Bewußtsein mittels des Gefühllebens. Der Jnana-Yogi erreicht durch Disziplinierung der Gedanken deren völlige Beherrschung und erleichtert damit auch ihr Ausschalten und das vollkommene Konzentrieren der Aufmerksamkeit auf das innere SELBST. Die Yogas der magischen Kräfte lüften die Geheimnisse der unterbewußten Welt und fördern so die Selbsterkenntnis. Jeder Yoga geht also von einem anderen Punkt aus und schreitet jeweilig auf einem anderen Wege, aber demselben Ziel entgegen: dem unmittelbaren Ziel des Raja-Yoga. Raja-Yoga ist eigentlich der Abschluß aller Yogas, — die Krönung aller Yoga-Wege. Darum ist sein Name »Raja«, auf deutsch: Königlicher Yoga, — dasselbe, was die mittelalterlichen Mystiker die »königliche Kunst« genannt haben.
Die Ausübung des Raja-Yoga ist so einfach und ungefährlich, daß er von jedem, ob Mann, Frau oder Kind, gesund oder krank, geübt werden kann.

WIE WIRD RAJA-YOGA GEÜBT?

Wenn wir den Weg des Yoga beschreiten und darauf vorwärts kommen wollen, muß etwas über die tägliche Lebensweise, die zu befolgen ist, gesagt werden. Wie sollen wir leben? Ein einziges Wort gibt die Antwort: *Mäßig!*

Wer der Ansicht ist, daß die Übung des Yoga Asketenleben erfordert, befindet sich im Irrtum. Askese, voller Verzicht, Kasteiung des Leibes, können unter Umständen großartige Methoden sein, um von den Schein-Ich frei zu werden und um leibliche Gelüste zu überwinden, aber es ist kein Ziel. Christus sagt: »Aber diese Art fähret nicht aus, denn durch Beten und Fasten« (Matth. 17/21). So weisen auch die Worte Christi darauf hin, daß zur Reinigung unseres Wesens die Verleugnung und Austreibung der Begierden des Leibes nötig ist. Wenn wir aber geläutert und von dem »Teufel« des falschen Ich befreit sind, so ist zu einem Fortschritt im Raja-Yoga die asketische Lebensweise nicht unerläßliche Voraussetzung. Im Gegenteil. Krishna sagt in der Bhagavad Gita: »Yoga ist nicht für jene, die gefräßig sind, oder sich mit übertriebenem Fasten quälen, die zuviel schlafen, oder zuviel wachen . . .« *Das überspannte Fasten oder Wachen schwächt den Körper und macht ihn krank!* Hauptsächlich aber greift es das Nervensystem an. Yoga entwickelt das Nervensystem, — das ist aber nur bei einem gesunden, widerstandsfähigen Organismus möglich. Wollen wir im Yoga gut vorwärtskommen, so müssen wir den Körper in die möglichst beste Kondition bringen.
Buddha lehrt: »Zwei Dinge sollst du meiden, o Wanderer. Die zwecklosen Wünsche und die übertriebene Kasteiung des Leibes.« Übertreibung in der einen wie in der anderen Richtung ist falsch und schädlich. Übermaß in Essen, Trinken und Schlafen sind im Yoga sehr hinderlich, denn das Überwiegen des Körperlichen, die gesteigerte Lebenskraft zur Verdauung des Überflusses, sind Hemmnisse für die geistige Entwicklung. Essen und trinken wir mit gutem Appetit und vor allem mit einer heiteren Ruhe im Herzen, aber immer nur soviel, als zur Gesunderhaltung unseres Körpers nötig ist. Unsere Nahrung soll einfach sein und hauptsächlich aus

Obst, Grüngemüsen und Milchprodukten bestehen. Fleisch sollen wir möglichst meiden. Das Fleischessen ist nicht ein Hindernis, aber es ist eine Tatsache, daß wir die Leidenschaften leichter besiegen können, wenn wir keine tierischen Körper essen. Wer Yoga übt, wird früher oder später den Fleischgenuß nicht mehr wünschen und nur gezwungenerweise blutige Nahrung zu sich nehmen. Aber auch hier ist Fanatismus schädlich. Fanatismus bringt immer Spaltung, statt Einheit. Die Nahrung ist nur ein Hilfsmittel, aber kein Ziel und nicht das Wesen. Ich habe große Yogis gekannt, die unter dem Zwang besonderer Umstände Fleisch gegessen haben. Ich sah aber auch sehr untergeordnete und unreine Seelen zwischen fanatischen Pflanzenessern. Die Ernährung ist oft durch das Klima und andere Faktoren weitgehend bedingt. Die Erreichung der Seligkeit aber ist über das Klima erhaben. Wäre sie von einer fleischfreien Diät abhängig, so wäre das hohe seelische Erlebnis sehr leicht zu erreichen. Hüten wir uns auf allen Gebieten, gedankenlos zu folgern und durch Vorurteile aus eigenen Gegebenheiten, Untergeordnetes zu sehr zu betonen und dadurch das Wesentliche, — den »inneren Geist«, in dem etwas getan werden muß, — zu vernachlässigen und zu vergessen.

Mäßigkeit und Mittelweg in allem. — Auch im Liebesleben. Christus sagt: ». . . und sind etliche verschnitten, die sich selbst verschnitten haben um des Himmelreiches willen. Wer es fassen mag, der fasse es« (Matth. 19/12). Damit drückt er klar aus, daß es Menschen gibt, die zur Erlangung des Himmelreiches ihr Liebesleben opfern. Wer schon reif geworden ist zur vollen Enthaltsamkeit und danach lebt, wird rascher zum Ziele gelangen. Wer aber noch nicht imstande ist, die sexuelle Kraft emporzulenken in die höheren Nervenzentren, für den ist es sinnlos, wenn er den Verzicht erzwingt. *Diese sexuellen Wünsche dürfen nicht unterdrückt werden,* da dies zu den größten Schädigungen führen kann, — sondern sie müssen *umgewandelt werden,* sublimiert, wie die westlichen Seelenforscher diesen Vorgang nennen. Wir sollen nach Möglichkeit ein reines Leben führen. Verursacht aber die Enthaltsamkeit eine ständige Unruhe, so empfiehlt es sich, diese Kräfte in einem mäßigen Eheleben abzuleiten. Mehrere unter den Mystikern des Mittelalters lebten in normaler Ehe und gelangten auch zum Ziel.

Das Wesentliche liegt darin, daß wir es fertigbringen, unser Denken und Fühlen bewußt auf geistige Dinge zu lenken und uns in Gedanken nicht mit Erotik zu befassen, dann wird unser Körper das befolgen, womit unser Bewußtsein sich beschäftigt, er wird es nicht herabziehen und wird nicht durch erotische Wünsche unsere Ruhe stören. Das heißt also, nicht einfach mit bloßem, primitivem Willen die Wünsche unterdrücken, sondern *durch geschulten Geist und Körper erreichen, daß gar keine erotischen Wünsche entstehen. Denn nicht im Körper und nicht in den Sinnen wohnt die Sinnlichkeit, sondern in unseren Gedanken. Wenn wir diese zu beherrschen lernen, wird der Körper in allem folgsam sein!*

Die Übung des Raja-Yoga vollzieht sich im Bewußtsein und hat keine besonderen äußeren Erscheinungsformen, niemand sieht uns dabei an, was in unserem Innern vor sich geht. Demzufolge können wir Raja-Yoga üben, wann und wo immer es ist, — während der Fahrt in der Bahn, auf der Reise, auf einem Schiff, in der Wartehalle, draußen in der freien Natur, am Teichufer oder im Walde, in der Fremde oder daheim, in der Stille oder im Trubel. Natürlich wird es in einer geeigneten Umgebung leichter sein, wie z. B. im Dickicht eines schattigen Waldes, oder in einer stillen, sauberen Kammer. Lärmende Umgebung ist kein Hindernis, sondern eine Schwierigkeit, die mit noch stärkerer Konzentration besiegt werden kann und demnach eine vorzügliche Übung zur Selbstbeherrschung ist. Jeder Schritt vorwärts und jedes durch Raja-Yoga erreichte Ergebnis ist von ewiger Geltung und kann nicht wieder verloren gehen. Unterbricht jemand das Üben und beginnt es etwa erst nach Jahren wieder, wird er es dort fortsetzen, wo er es abgebrochen hatte. Einen Rückschritt gibt es nicht. Das Bewußtsein erweitert sich ständig auch im Alltagsleben, Raja-Yoga aber beschleunigt diesen Prozeß. Es ist selbstverständlich, daß jemand, der vom weltlichen Lärm zurückgezogen, sein ganzes Leben dem Raja-Yoga widmet, mit größerer Wahrscheinlichkeit schneller zum Ziel gelangen wird, als derjenige, der seine Übungen inmitten eines fieberhaft pulsierenden, jagenden Stadtlebens durchführt*. Immerhin herrschen bei alledem innere Gesetze. Bei zivilisierter Lebensweise und in einer Großstadt kann man auch zum Ziel gelangen, wenn die Sehnsucht nach Befreiung und nach Seligkeit groß genug ist. Vergebens zieht sich einer in die einsamen Höhlen des Himalaja zurück, um dort zu üben, wenn er seine Selbstsucht und den Wunsch nach den Freuden einer materiellen Welt auch dahin mit sich nimmt. Dies ist ein viel schwereres Hindernis beim Vorwärtskommen, als erschwerte äußere Umstände. Wenn jemand durch nichts mehr an Äußerlichkeiten gebunden ist, so kann er die Seligkeit, — den Zustand der höchsten Erleuchtung, — erreichen mitten in einer verkehrsreichen Stadt, in der Wohnung eines Mietshauses, zwischen modernen Möbeln, inmitten des Lärmes der Nachbarwohnung, beim Tönen eines Radios, — ganz so, als befände er sich völlig allein in den Tiefen des Urwaldes. Dies muß deshalb betont wer-

---

* siehe auch 2. Kapitel.

den, weil viele glauben, das Stadtleben sei ein Hindernis. Wer dies glaubt, der wird eben durch diesen *Glauben* behindert sein, nicht durch das Leben in der Stadt.

Ich wiederhole: die Hindernisse befinden sich stets *innen* und nicht außen!

Raja-Yoga üben lohnt nur für denjenigen, der daran glaubt, daß er dadurch das Ziel rascher erreichen kann. Denn das Ziel ist für jedermann erreichbar, ja, jeder muß und wird es auch erreichen, die Frage ist nur: wann? – Dies hängt von uns ab. – Zeit und Raum sind besiegbar. Es kann jeder ruhig glauben, daß es ihm gelingen wird, das Ziel zu erreichen, die Möglichkeit liegt in jedem Menschen, – handelt es sich doch um eine psychologische Tatsache, – es sei denn, daß er mit seinem Unglauben sich selber den Weg versperrt. Unglauben kommt aus Unwissenheit. Unwissenheit wird durch Üben des Raja-Yoga besiegt, der uns zur Selbsterkenntnis und Überzeugung führt.

Obwohl gesagt ist, daß der Weg des Raja-Yoga der allereinfachste ist, daß ihn jedermann begehen kann, so ist er trotzdem und zugleich auch der allerschwerste. Er ist wirklich »der enge und steile Weg«. – Der Mensch hat sich so verzettelt, er ist so sehr tausenderlei Einzelheiten verhaftet, daß – wenn er einmal nichts anderes tun soll als einfach nur *sein*, – er nicht mehr fähig ist, dies zu tun.

Ein großer Yogi sagte zu seinem Schüler: »Setze dich bequem mir gegenüber, so, daß der Körper dich nicht stört und dir in keiner Weise hinderlich ist. Schließe deine Augen. Versetze dein Bewußtsein aus dem Kopf in das Herz, denn dort befindet sich das SELBST. Denke an nichts, nur an dein eigenes SELBST, bis du dein SELBST *sein* wirst.« – Das war alles! – In diesen knappen Worten ist der ganze Raja-Yoga enthalten. Denn wer dies fertigbringt, der befindet sich bereits am Ziel. – Der Meister erklärte nichts weiter. Nur wenn der Schüler innere Erlebnisse hatte, gab er ihm hie und da Anleitungen, die aber zumeist nur soviel enthielten: »Wenn du etwas in deinem Inneren siehst, oder hörst, oder sonst erlebst, kümmere dich nicht darum, es sind nur Begleiterscheinungen. Konzentriere unentwegt und immer weiter deine ganze Aufmerksamkeit in das HERZ, auf dein eigenes SELBST.«

Wenn in Indien ein Meister zu jemand sagt: »setze dich«, so bedeutet dies, daß man sich im Lotussitz auf den Boden niederlassen soll. Auch für den Europäer ist es am besten, wenn er Raja-Yoga in dieser Körperhaltung übt, denn in ihr läßt sich die vollkommene innere Harmonie am leichtesten erreichen. Die im menschlichen Körper tätigen Kräfte und Strömungen befinden sich auf diese Weise in einem vollkommenen Gleichgewicht und die Arbeit des Herzens ist erleichtert, weil weniger Blut in die Beine gepumpt werden muß. Vor allem aber ist diese Haltung die beste für das Rückgrat, das ein so wichtiges Instrument ist auf unserem

Wege zum Überbewußtsein. Wenn jedoch diese Körperhaltung für jemand unbequem ist, so soll er sie nicht erzwingen. Es ist überdies nicht notwendig, die Füße zu verschränken. Man kann auch ähnlich wie im Lotussitz — Padmasana — üben, wenn das eine Bein oben, das andere unten ruht, diese Stellung nennen wir Sidhasana. Ist es aber auch so noch ungewohnt und störend, so kann man ruhig in einem bequemen Lehnstuhl üben. Sehr wichtig ist allerdings, daß *das Rückgrat gerade gehalten wird,* und unter keinen Umständen *steif.* Die Hände sollen möglichst auf den Knien ruhen, die Augen geschlossen und die ganze Aufmerksamkeit wird nach innen gelenkt, auf unser SELBST.

Versuchen wir nun, unser eigenes SELBST zu suchen. — Jeder Mensch, auch der primitivste, fühlt, das SELBST habe seinen Sitz im Herzen. Spricht jemand von sich als »ich« und will dies nachdrücklich betonen, dann zeigt er mit einer Handbewegung unwillkürlich auf die Mitte seiner Brust. Er fühlt unbewußt, daß der Sitz des SELBST, — die Quelle aller Kräfte, — im Herzen ist. Wenn wir uns nicht damit zufrieden geben, daß wir die Stelle des SELBST »ungefähr« fühlen, sondern ganz genau das Zentrum und die Wurzel erforschen wollen, dann sind wir überrascht, sie zunächst nicht finden zu können. Wir können nicht ohne weiteres in die Mitte unseres SELBST gehen. Wenn wir uns mit aller Aufmerksamkeit auf unser ICH konzentrieren und mit Gewalt in unser SELBST hineingehen wollen, machen wir die sonderbare Erfahrung, daß dieses SELBST mit vielen Hüllen bedeckt ist. Erst nach ausdauernder und intensiver Konzentration wird nach und nach eine Hülle um die andere abgestreift. Diesem eigenartigen Gefühl ist es zuzuschreiben, daß die Mystiker aller Zeiten das SELBST mit einer Blume mit vielen Blütenblättern verglichen haben, die sich langsam, stufenweise entfaltet, ein Blütenblatt nach dem anderen öffnet, bis schließlich, nach vollem Erblühen, die Blume ihr Innerstes zeigt, — und wir in der Mitte das strahlende Überselbst finden. In Indien wird dieses als Lotus bildlich dargestellt, und das in der Mitte sich befindende, in Männergestalt symbolisierte göttliche SELBST, wird Ishwara oder Krishna genannt. In Europa stellen die Mystiker des Mittelalters dieses SELBST als Rose dar, und die in der Mitte befindliche, strahlende Männergestalt nannten sie Christus. Die chinesischen Mystiker nennen das göttliche SELBST: Tao. Beide Symbole und Benennungen stellen dieselbe psychologische Tatsache dar.

Wenn wir das Zentrum unseres SELBST nicht leicht und sofort finden können, — verzagen wir deshalb nicht. Unbeirrbarer Wille, Geduld und Ausdauer führen siegreich zum Ziel. Das leuchtende ÜBERSELBST ist in uns und wartet, bis wir uns, — wie schon so viele Andere, — durchgekämpft und durchgemüht haben, bis alle sich aufdrängenden und uns abhaltenden Gedanken endgültig zum *Schweigen* gebracht sind. Das Denken ist auch noch die biblische Schlange: sie verführt und lockt uns von dem Pfade, dem wir folgen wollen, fort. Wir bemerken stets, daß wir in das Dickicht der Gedanken geraten sind, wenn wir aus dem Paradies schon herausgefallen sind. Die Gedanken werden unsere Aufmerksamkeit immer wieder aus der inneren Konzentration herausführen und nach außen wenden. — Macht nichts! — Wir fragen: »Wer« ist es, der jetzt gedacht hat? Und die Antwort: »ICH«, führt uns wieder zurück auf den Weg zum Mittelpunkt. Wenn wir nach sorgfältigem Üben soweit gekommen sind, uns unserem SELBST zu nähern, — wenigstens auf eine kurze Zeit, — dann dringt unser Bewußtsein tiefer und immer tiefer. Bis zu welcher Tiefe wir gegangen sind, das zeigt sich erst, wenn wir die Übung abbrechen und das Bewußtsein zu unserem persönlichen Ich zurückkehrt. Dann bemerken wir erst, aus welchen Weiten wir zurückkommen. Es ist ähnlich wie beim Schlaf. Beim Einschlafen fühlt niemand, *wann* der Schlaf begonnen hat, da das Bewußtsein unbemerkt von der irdischen Ebene weggleitet, — ja es ergeht uns damit wie beim Fahren, wo es uns vorkommt, als würden wir auf einem Platz stehenbleiben, während die äußere Welt an uns vorbeizieht. — Wir haben die Empfindung, daß unser Bewußtsein stehenbleibt und die irdische Ebene von uns schwindet. Nur beim Erwachen wissen wir, daß wir geschlafen haben. — Beim Üben des Raja-Yoga schläft nun aber das Bewußtsein nicht, ganz im Gegenteil! Je tiefer es in das SELBST eindringt, um so wacher wird es. Das göttliche Überbewußtsein ist der vollkommene WACHZUSTAND. — Unser persönliches Leben ist im Vergleich zum göttlichen Bewußtsein nur eine Art des Schlafens; die irdischen Erlebnisse unseres persönlichen Bewußtseins sind nichts weiter als Träume!

Die Vereinigung mit dem göttlichen SELBST, der vollkommene Wachzustand, ist mit dem Gefühl vollkommener Glücksempfindung verbunden. Der Mensch hört auf, ein

Geschöpf zu sein, er wird der Schöpfer selbst. Solange er denkt, ist er mit seinem Bewußtsein aus seinem Selbst herausgefallen und identifiziert sich mit seinen Gedanken. Das Ziel bedeutet, den Seinszustand zu erreichen: — nicht über etwas nachdenken, sondern etwas SEIN!

Damit wir verstehen, was ein Seinszustand ist, wollen wir diesen mit folgendem Beispiel erklären: Ich sitze an einem Seeufer, schaue auf das Wasser und konzentriere mich auf das Wasser. Ich kann allerlei über das Wasser denken: daß es eine Flüssigkeit ist, — daß es aus zwei Gasen besteht, — daß seine chemische Formel H_2O ist. Wenn ich mit einem Thermometer messe, so weiß ich auch seinen Wärmegrad, usw., — aber alles das *denke* ich nur. Es geschieht zwar *in* meinen Gedanken, aber *ich bin* kein Wasser! — es ist also kein Seinszustand. — Dann kann ich das Wasser gefühlsmäßig erleben: ich gehe ins Wasser hinein, — ich *fühle*, daß es eine Flüssigkeit ist, — auch seine Temperatur; — aber *ich bin* noch immer nicht das Wasser. — Schließlich, wenn ich aufhören würde, vom Wasser getrennt zu sein, wenn ich in das Wasser hineinschmelzen würde, das heißt, daß ich selber Wasser würde, dann könnte ich sagen: *ich bin das Wasser!* — Das wäre ein Seinszustand!

Versuchen wir, den Seinszustand mit dem eigenen Selbst zu erreichen. Solange ich über mich selbst nachdenke, *bin ich mein Selbst nicht*. In diesem Zustand bin ich das Gedachte, weil ich mich mit meinen Gedanken identifiziere, ich bin aus mir, — aus dem Denken selbst — in das Gedachte — gefallen. Ich bin die Person, die nur darum ihre Existenz hat, weil das Selbst, — der Schöpfer, — sie ständig denkt. — Wir müssen gut bedenken: mein wahres Wesen ist der Schöpfer selbst, denn in der Wirklichkeit *bin ich der Denker*, der meine Person ständig schafft, — aber ich *bin mit meinem Bewußtsein aus diesem wahren Selbst, aus dem*

Schöpfer, herausgefallen. Ich identifiziere mich mit dem Geschaffenen, *mit der Person.* Ich glaube, daß ich die Person sei, anstatt zu wissen, daß ich der Denker, der Schöpfer *bin!* — Das ist der Fall aus dem Paradies. — Wie kann ich zurück? — Wenn mich die Gedanken herausgebracht haben, so ist der Weg dahin zurück: *das Aufhören des Denkens.* Wenn ich nicht mehr denke, können mich meine Gedanken auch nicht herausbringen und ich bleibe in mir. Ich kann nicht mehr *das Gedachte sein,* da ich überhaupt nichts denke, sondern ich werde wieder *der ich bin.* Dann verstehen wir, warum GOTT — als Moses IHN fragte: wer bist Du, — die so oft mißverstandenen Worte sprach: »*ICH BIN DER ICH BIN*«. — Der Gedanke ist die Schlange, die Versuchung, die Möglichkeit, aus diesem göttlichen Seinszustand in das Gedachte, in das Geschaffene herauszufallen. Von den Früchten des »Baumes der Erkenntnis des Guten und Bösen« zu essen bedeutet, daß ich mich mit meinen Gedanken identifiziere. Bedenken wir: wenn ich etwas esse, *werde ich das.* Ich werde identisch damit. — Wenn ich mich also mit meinen Gedanken identifizierte, — ich »aß davon«, — so bin ich aus meinem Seinszustand herausgefallen: ich wurde das Gedachte. Ich bin aus meinem wahren Selbst, — aus der Unsterblichkeit, — in das Vergängliche, in Raum und Zeit, in das Reich des Todes gefallen. Der Weg zurück ist mir solange verschlossen, bis ich mein Bewußtsein wieder mit meinem wahren Wesen vereinige, — bis ich aus diesem Traum, — daß ich das Gedachte, das Geschaffene sei, — aufwache!

Wenn mir dies verstandesmäßig klar ist und ich einsehe, nützt es mir doch nur insofern, daß ich jetzt wenigstens weiß: ich befinde mich ständig in dem Zustand, den die Bibel den »Fall aus dem Paradiese« nennt. Ich weiß aber auch, daß, wenn ich noch so viel darüber *nachdenke,* daß ich in den Garten Eden zurückgehen möchte, — solange ich *denke*, werde ich den Weg zurück nicht finden können! Die Gedanken haben mich hinausgeworfen, nur wenn ich zu denken aufhöre, kann ich in mich zurückfinden, mich mit meinem göttlichen Wesen identifizieren! — Also nicht über mein göttliches Selbst *denken* soll und darf ich, das nützt mir nichts, sondern ich muß mein göttliches Selbst — SEIN!

Wie soll ich aber etwas *sein*, was ich nicht kenne? — Wie soll ich — ICH SELBST SEIN, — wenn dieser Zustand mir unbekannt ist?

Soviel weiß ich nun schon, daß der Weg, der dazu führt, das Nicht-Denken ist. Aber derjenige, der versucht hat, keine Gedanken mehr zu haben, glaubt, dies sei ein Ding der Unmöglichkeit. — Und doch ist es möglich!

Fangen wir an, Seinszustände in leichteren Dingen zu üben und zu erleben, und wenn wir wissen, was ein Seinszustand ist, dann werden wir eine Ahnung haben, was es überhaupt bedeutet: identisch mit dem eigenen Selbst zu SEIN! — Nehmen wir als Übung solche Begriffe, die wir kennen, und üben wir, erst mit diesen identisch zu werden, sie zu sein. — Wir wissen, alles Denken heißt Bewegung. Das Gegenteil von Bewegung ist Ruhe. — Wenn ich also das Denken nicht lassen kann, so ist der erste Schritt dazu, daß ich meine Gedanken beruhige, sie langsamer mache. Versuchen wir, die Ruhe als Seinszustand zu üben. Das bedeutet, daß ich zuerst an die Ruhe *denke*. Das ist das erste Stadium. — Und wenn ich das noch weiter übe, so werde ich bemerken, daß ich nicht mehr an die Ruhe denke, — denn es ist nichts mehr über sie zu denken — sondern ich werde einen Zustand erreichen, welchen ich mit Worten so bezeichnen kann: ICH BIN DIE RUHE. — Das ist ein Seinszustand!

An Ruhe denken, — ruhig sein , — und die Ruhe selbst sein, — sind große Unterschiede. Denken wir an einen Menschen, der eine vollkommen ruhige Natur hat. Er braucht nicht an die Ruhe zu denken, — er denkt auch nicht an sie, — sondern er ist die Ruhe selbst. Alles was er denkt, sagt, tut, *tut er aus der Ruhe heraus.* Er handelt aus der Ruhe. Er fällt nie aus der Ruhe, — da er selbst die Ruhe ist, — und somit, in bezug auf die Ruhe, befindet er sich in dem paradiesischen Seins-Zustand.

Nehmen wir ein anderes Beispiel: alle Menschen wollen glücklich sein. Solange ich das Glück von außen her erwarte, werde ich es nie erreichen, — oder wenn ich mich manchmal auf einige Minuten glücklich fühle, so falle ich früher oder später wieder heraus. *Glücklich sein* bedeutet, daß »ich« und das »Glück« voneinander getrennt sind. Wenn ich Glück *habe,* so besteht dieser Besitz — das Glück — und ich, der Besitzer, — noch aus zwei Dingen, die miteinander nicht identisch sind. Die Möglichkeit ist immer noch da, daß ich es früher oder später wieder verliere. — Nicht »glücklich«, — sondern »das Glück« selbst, — muß ich sein, wenn ich das Glück als Seinszustand erleben will. Wenn ich das Glück selbst bin, kann ich mich nie mehr unglücklich fühlen, da das Unglück dem Glück, — der Schatten dem Licht, — sich nicht nähern kann. Und alle, die mit mir zusammen sind, die in meiner Nähe leben, werden sich glücklich fühlen!

Wenn ich diese Übungen verstehe, dann weiß ich erst, wie ich Raja-Yoga üben soll. Raja heißt König. — Wer ist der König der Könige? — Das höhere Selbst, GOTT. — Der Weg durch mein eigenes »ICH« führt mich zurück in den Garten Eden, zu Gott. — »Ich bin der Weg und die Wahrheit und das Leben, niemand kommt zum Vater denn durch mich« (Joh. 14/6).

Was ist GOTT?

In den Upanischaden belehrt uns der weise Yadschnawalkya:

»Der in der Erde wohnt, – und doch von der Erde verschieden ist, – den die Erde nicht kennt, – dessen Leib die Erde ist, der die Erde innerlich regiert. – DER ist dein SELBST, DEIN INNERER Lenker, dein Unsterbliches.
Der in dem Himmel wohnt, – und doch von dem Himmel verschieden ist – den der Himmel nicht kennt, – dessen Leib der Himmel, ist, – der den Himmel innerlich regiert, – DER ist dein SELBST, dein innerer Lenker, dein Unsterbliches. –
Der in dem Licht wohnt, – und doch von dem Licht verschieden ist, – den das Licht nicht kennt, – dessen Leib das Licht ist, – der das Licht innerlich regiert. – DER ist dein SELBST, dein innerer Lenker, dein Unsterbliches. –
Der in dem Atem wohnt, – und doch von dem Atem verschieden ist, – den der Atem nicht kennt, – dessen Leib der Atem ist, – der den Atem innerlich regiert, – DER ist dein SELBST, dein innerer Lenker, dein Unsterbliches.
Der in dem Denken wohnt, – und doch von dem Gedanken verschieden ist, – den der Gedanke nicht kennt, – dessen Leib der Gedanke ist, – der das Denken innerlich regiert, – DER ist dein SELBST, dein innerer Lenker, dein Unsterbliches. –
Der in der Erkenntnis wohnt, – und doch von der Erkenntnis verschieden ist, – den die Erkenntnis nicht kennt, – dessen Leib die Erkenntnis ist, – der die Erkenntnis innerlich regiert, – DER ist dein SELBST, dein innerer Lenker, dein Unsterbliches. –
ER ist sehend, – nicht gesehen, – hörend, – nicht gehört, – verstehend, – nicht verstanden, – erkennend, – nicht erkannt; – nicht gibt es außer IHM einen Sehenden, – einen Hörenden, – einen Verstehenden, – einen Erkennenden, – ER ist dein SELBST, dein innerer Lenker, dein

UNSTERBLICHES!«

– om –

Alles, was geschaffen wurde und wird, ist nicht ER, sondern nur seine Schöpfung. Alles was eine Schöpfung, also schon »Etwas« ist, mußte einmal geworden sein und wird folglich, nach dem Gesetz der geschaffenen Welt, auch einmal vergehen, hat somit nur zeitliches Dasein, keine wahre Existenz. Ich kann mir also Gott nicht als Etwas vorstellen, noch IHN nennen, da alles, was aus dem Nichts »Etwas« geworden ist, nur Geschaffenes sein kann und nicht der Schöpfer selbst. Einzig und allein Gott ist das ewige Sein und nur von IHM kann ich in der ewigen Gegenwart sagen: »ER IST!« — Folglich kann ich den Begriff GOTT vom menschlichen Standpunkt aus gesehen nur so ausdrücken: GOTT ist das *ewige Nichts*, aus dem das *zeitliche All* herauskommt. Und wenn es mir gelingt, aus dem herausgefallenen, geschöpften Zustand in den Schöpfer zurückzugehen, so werde ich für einen Augenblick erleben, als ob ich in das Nichts, in die Leere hineinfallen würde, oder anders ausgedrückt, daß ich *vernichtet* werde. Dieses Vernichtungsgefühl nannten die Mystiker im Westen den mystischen Tod. Nur wenn ich den mystischen Tod bestanden habe, kann ich die Auferstehung erleben, — aus dem Geschaffenen, — Schöpfer werden. Wenn ich mit IHM, — dem Schöpfer, — identisch geworden bin, so spreche ich von IHM nicht mehr in dritter Person und sage nicht, daß »ER IST DER ER IST«, sondern: Ich offenbare diesen Zustand: »ICH BIN DER ICH BIN«. — Moses erlebte diesen Zustand. Er wurde identisch mit Gott, mit seinem wahren Selbst, — und sein Wille wurde identisch mit Gottes Wille. Aber er wußte, daß die Menschen diesen Zustand nicht verstehen und darum sagte er: »Mich hat der wahre Gott zu euch geschickt, der Gott aller Lebewesen, dessen Name ist: ICH BIN DER ICH BIN«. — Derjenige, der das erlebt hat, weiß, daß Moses diesen Zustand vollkommen richtig in Worte gefaßt hat.

Schon viele versuchten, dieses SEIN, die erhabene Wonne der Erfüllung und des Friedens zu beschreiben, doch ist die Sprache zu armselig, die Wahrheit auch nur anzudeuten. Wer sich diesem hohen Zustand mit dem Bewußtsein genähert hat, steht an der Pforte der Glückseligkeit. Hinter ihm die erschaffene Welt mit dem ewigen Kreislauf von Geburt und Tod, vor ihm das NICHTS, aus dem alles erschaffen wurde. — Dieses NICHTS, in dem ALLES enthalten ist, ist NIRWANA. — Der Begriff NIRWANA wird von demjenigen völlig mißverstanden, der seine Bedeutung mit Vernichtung verwechselt. Es gibt keinen geeigneten Ausdruck dafür, aber wir kommen dem Sinn nahe, wenn wir ihn mit »ALLWERDUNG« bezeichnen. Wer hier eintreten will, muß den letzten Gedanken fallen lassen, der an die erschaffene Welt bindet: auch den Gedanken und das Gefühl des »ICH«. Denn das ICH selbst ist das Leben, das Wort, der Logos, obgleich er eins ist mit dem Vater, ist er doch das schaffende Prinzip, — der Sinn, — der ständig das Gesetz von Geburt und Tod auf sich nimmt. Wer ganz befreit werden will, der muß das letzte Konkretum, das persönliche Ich-Bewußtsein, aufgeben. Das ICH ist der erste Gedanke, der mit der Bewußtwerdung des Menschen geboren wird und der letzte, der ihn bis zur Pforte begleitet. »ICH bin der Anfang und das Ende« (Off. 1/8) sagt das Logos-Wort in der Bibel. »Ich bin der Anfang, die Mitte und das Ende von allem« sagt Logos in der Bhagavad Gita. — Aber auch dieses ICH-Bewußtsein muß man verlassen. — Die Pforte ist offen, das Bewußtsein versenkt sich vollkommen in den Vater, — schmilzt in IHN hinein, — IN DEN ABSOLUTEN, EWIGEN. —

Diesen Zustand kann man nicht beschreiben, nur erleben. Die indischen Yogis nennen ihn »Nirvikalpa-Samadhi«, die christlichen Mystiker »heilige Ekstase« oder »Unio mystica«.

Die Benennungen können verschieden sein, — das Erleben ist dasselbe. — In der Bhagavad Gita gibt Krishna dem Gottsucher folgende Anleitung:

»So soll er einsam, abgesondert sitzen,
in heil'ger Andacht und in GOTT versunken,
beherrschend seine Sinne und Gedanken,
begierdenfrei an einem reinen Ort,
der nicht zu niedrig ist und nicht zu hoch.
Dort soll er auf Kusa-Gras und Rehhaut sitzen,
sein Besitztum sei das Lendentuch,
Gemüt und Herz nur auf den Einen richtend,
ein Meister seiner Sinne und Gedanken,
in seinem Sitze ruhend, sorgenfrei,
so soll er Yoga üben, —
die Reinheit der gottergeb'nen Seele zu erlangen.
Sein Körper, Kopf und Hals sei unbewegt,
und fest auf seiner Nasenspitze soll sein Auge haften.
Abgeschieden muß er völlig sein
und sich um nichts bekümmern.
Voll Seelenruhe, frei von aller Furcht
und im Gelübde unerschütterlich,
an MICH nur denkend und in MICH versenkt,
ergibt er sich in MICH mit seinem ganzen Wesen.
Und so beständig in MIR ruhend,
ein mächt'ger Herrscher in dem eigenen Reiche,
geht er zum Frieden, ins Nirvana ein.
Die höchste Seligkeit senkt in das Gemüt sich nieder,
wenn sich im Herzen, das an GOTT sich bindet
und frei von Sünde ist, kein Wunsch mehr regt.
Wer so mit GOTT beständig sich vereint und sich zum
Opfer bringt,
der fühlt in sich die grenzenlose Seligkeit,
mit der ihn GOTTES stete Gegenwart erfüllt.
Mit GOTT vereinigt, hat er GOTTES Leben.
Sein Geist ist GOTTES Geist in allen Dingen,
und aller Dinge wahres Sein in ihm.
WER MICH IN ALLEN Dingen als den EINEN, den HÖCHSTEN
kennt

und jedes Ding in MIR,
den halt ICH fest, — und er läßt MICH nicht los,
wie auch sein äuß're Leben sich gestalte.
Wer MICH als den ALL-EINIGEN erkennt,
Der in dem Innern aller Wesen wohnt,
in diesem lebe ICH und er in MIR,
was auch sein Schicksalsweg auf Erden sei.

(Bhagavad Gita, 6. Gesang)

ZWEITES KAPITEL

Weg des Ostens

»Wie die Mutter die Lampe entzündet, damit Licht im Zimmer werde, so sollen deine Worte, o Meister, das Licht der Wahrheit in meinem Herzen entfachen.«

Der Weg des Orientalen ist der des Insichgehens, — des Sich-selbst-Suchens, — des Einswerdens mit seinem eigenen, göttlichen Wesen. Es ist der WEG, den jeder für sich allein in sich selbst beschreiten muß. — Der Weg des Ostens ist der individuelle Weg.

*

Die Wahrheit wechselt ihren Körper immer wieder, — reinkarniert —, genauso wie der Mensch.
Das Leben, der unsterbliche, ewige URGRUND, ändert sich nicht, aber die Materie, durch die es sich offenbart, untersteht dem Gesetz von Kreislauf, von Geburt und Tod. Das LEBEN dauert fort, nur der Körper, der von ihm bewohnt und auf dieser Erde als sein Instrument gebraucht wird, nützt sich im Laufe der Zeit ab und wird wieder abgestreift, um einem neuen, brauchbareren, Raum zu geben. Auf diese Weise entwickelt das Leben die Materie von Stufe zu Stufe, bis er endlich, seiner wirklichen Bestimmung entsprechend, das LEBEN, die WAHRHEIT, in ihrer glänzenden Vollkommenheit offenbart. — Wenn die Materie

grob ist, wird sie nicht zur Leitung höherer Strömungen fähig sein und nur ein mangelhaftes Zerrbild der Wahrheit geben. Umsonst kleidet sich die Vollkommenheit in die Materie ein, — solange diese nur zu einer unvollkommenen Offenbarung fähig ist, so wird auch die Vollkommenheit auf der materiellen Ebene als Unvollkommenheit erscheinen. Das Leben aber nimmt diese körperlichen Hüllen immer wieder neu an und durchdringt sie mit seinem Wesen, bis ihr materieller Selbstzweck aufhört und sie nach und nach, zur Vermittlung und zum Ausdruck der Wahrheit, würdige Werkzeuge sein werden.

Ein vollkommenes Werkzeug ist der Körper von jedem Gottmenschen, ein Werkzeug, welches das göttliche SELBST vollkommen offenbart.

In jedem Menschen lebt das göttliche SELBST, aber die unvollkommene Materie offenbart es mangelhaft, und nur hie und da strahlt die Vollkommenheit, die sie belebt, durch. Auch im verstocktesten Verbrecher ist die Offenbarung dieser Vollkommenheit zu entdecken, — denn es gibt niemand, der nicht Mutter, Kind, oder sonst jemand hätte, den er selbstlos liebt, ja, für den er sich vielleicht in die Sünde gestürzt hat. Die selbstlose Liebe aber ist die Liebe des göttlichen Selbst. Wo sich diese offenbart, da offenbart sich das göttliche SELBST. Niemand könnte leben, wenn nicht das ÜBERSELBST in ihm lebte, — ist es doch das Leben selbst, — nur kann es sich durch den unvollkommenen Menschen nicht in seinem wahren Wesen zeigen.

Die Gegenwart des Menschen ist eine Folge der Vergangenheit, und die Frucht des heute gesäten Samenkorns wird in Zukunft geerntet. Der nicht bewußte Mensch wird solange wieder und wieder geboren, bis die Erfahrungen ihn nach und nach aus der Unwissenheit herausheben, bis er den wirklichen Sinn des Lebens erkennt und mit sicherem Schritt, auf dem kürzesten Wege, der Wahrheit zuschreitet.

Solange der Mensch, sich selbst unbewußt, auf der Erde einherwandert, ist sein Leben eine lange Verkettung von Enttäuschungen. Der primitive Mensch stellt sich vor, er könne sein Schicksal nach Belieben lenken und es müsse alles so geschehen, wie er es sich wünsche. Bald muß er gewahr werden, daß in die Gestaltung seines Lebens auf Schritt und Tritt eine viel höhere Macht eingreift, und daß er dieser Macht folgen muß, sonst wird er, — nach seiner Auffassung, — mit Strafen heimgesucht. Da er in seiner Vermessenheit Erfolge sich selbst zuschreibt, stellt er sich vor, daß diese unsichtbare Macht erst in Erscheinung tritt, wenn sie ihm zürnt, wenn sie etwas rächen, oder ihn bestrafen will. — Furcht und Demut bemächtigen sich dann seiner, sein Hochmut und Dünkel kommen ins Wanken, und nachdem er die Überlegenheit dieser unbekannten Kraft anerkannt hat, nennt er sie GOTT! — So lernt der Mensch den Begriff Gottes kennen, der in der Vorstellung des primitiven Menschen stets eine furchterregende Macht ist, die mit Opfern, — sehr oft mit Menschenopfern, — im Zaum gehalten werden muß, um das Volk vor seinen Heimsuchungen zu verschonen. Mit dem Aufstieg des Menschen entwickelt sich nach und nach auch der Begriff Gottes. Er beginnt allmählich daran zu glauben, daß nicht nur die Mißerfolge, sondern auch die Erfolge von Gott kommen, und daß Gott nicht nur straft, sondern auch segnet. Nun wird Gott in einen guten und in einen bösen Gott geteilt und noch immer ist der Mensch bemüht, durch Opfergaben und Gebete die Furcht vor Gott zu beschwichtigen.

Die Zeit vergeht und der Mensch sammelt immer neue Erfahrungen, die er bei jeder neuen Geburt mit sich bringt.

Auf diese Weise entwickelt sich nach und nach sein inneres Gesicht und sein inneres Gehör. Er öffnet seine Augen und beginnt, die in der Natur zum Ausdruck gelangende, unendliche Weisheit zu erkennen. Als er sieht, daß der Segen der Erde — der Regen — aus dem Himmel fällt, glaubt er, Gott müsse dort oben sein, und er hebt die Augen auf zum Himmel und sagt: »Groß ist der Schöpfer über uns!« — Nach und nach wird der Mensch gewahr, daß alle seine Offenbarungen segensreich sind, und daß die vielen Mißerfolge, — Leiden und Schicksalsschläge, die ihn treffen, — die Folgen eigener Unwissenheit und Unentwikkeltheit, — nicht aber eine Strafe Gottes sind. Ja, er sieht auch, daß viele Schicksalswendungen, die als Heimsuchung empfunden werden, eigentlich ein Segen sind und nur durch Unwissenheit und falsche Voraussetzungen als Schicksalsschläge empfunden werden. — Wie Epiktetos sagt: »Nie sind die Dinge schlecht, nur wie du darüber denkst.« Der Mensch öffnet nach und nach sein Ohr einer inneren Stimme, die ihn lehrt, daß Gott der liebevolle Vater ist, der auch den verstockten Sünder mit Erbarmen in seine Arme aufnimmt, wenn er sich bekehrt. — Zu IHM sollen wir uns vertrauensvoll in allem Leiden und Drangsal wenden. Er spendet Trost und Hilfe und nimmt alle Furcht und Angst von uns, — denn zu fürchten ist nur unsere eigene Unwissenheit, nicht aber Gott! — Gott ist nicht ein Gott der Rache, er ist der Gott der Liebe, und die Liebe verzeiht. Gott will nicht, daß wir leiden, und ER hält seine helfende Hand stets bereit, uns von den Leiden zu befreien, die wir durch eigene Blindheit verursacht haben.

Nach und nach fallen die Schleier der Unwissenheit von uns ab. Das Wissen nimmt mählich zu, bis der Mensch sich bewußt wird, daß seine Tage im irdischen Dasein nicht Zufall sind. Es gibt ein Ziel, eine Absicht, die der Mensch

erreichen und erfüllen muß. Er muß die Wahrheit finden, er muß die Verbindung zwischen Schöpfer und Mensch kennenlernen. — Jahrtausende sind vergangen, bis der Mensch nach Bezwingung der materiellen Ebene sich soweit entwickelte, um fragen zu können: »Wer bin ich?« — Die Antwort muß gefunden werden. — Gott legte die Wahrheit in den Menschen und seiner eigensten Wahrheit kann er nicht widerstehen, — denn die Wahrheit flüstert ihm so lange in die Ohren, bis er versteht, daß der Zweck des Lebens ist: sich SELBST, — GOTT, — finden!
Ist der Mensch in seiner Erkenntnis soweit, wird er sich nicht mehr mit unvernünftiger Furcht vor Gott verschliesen, sondern darauf bedacht sein, immer näher und näher zu IHM zu gelangen, sich mit ganzer Seele IHM zuzuwenden. Er wird eine unstillbare Sehnsucht nach Gott verspüren, die Vereinigung mit IHM von ganzem Herzen ersehnen, bis Gott sein Flehen erhört und die düstere Seele mit dem Lichte der WAHRHEIT erfüllt, — und das menschliche Bewußtsein vereinigt sich mit Gott.
Solch ein erleuchteter und erlöster Mensch beginnt, — nach Erkenntnis seiner wirklichen Bestimmung und erfüllt mit Liebe zu seinen Mitmenschen, — die Wahrheit zu verkünden, um die übrigen Menschen aus Leiden und Unwissenheit herauszuheben. Jene, die nach der Wahrheit dürsten, leisten ihm Gefolgschaft und werden seine Schüler. Der Meister lehrt seine Jünger die reine Wahrheit, und indem er ihnen seine eigenen Erfahrungen übermittelt, auf welche Weise er zu dem großen Ziel gelangt ist, verhilft er ihnen auf den inneren Pfad der Seele. Der Samen, den er in ihre Herzen sät, schlägt Wurzeln, und der Baum des Lebens wächst daraus empor. — Die zum Ziele gekommenen, mit der Wahrheit erfüllten Schüler verlassen ihren Meister wieder, um ihr Leben der Weisheit, der Liebe und dem Dienen

zu widmen. Sie lehren das Volk, verkünden das Wort. Das Ohr des unvollkommenen Menschen ist nicht offen für die Aufnahme der nackten Wahrheit. Die Begriffe sind noch nebelhaft, und während das vom Ohr gehörte Wort durch den Verstand bis zum Bewußtsein gelangt, wird es undeutlich, verzerrt und unkenntlich. Die große Masse ist noch unfähig, die Wahrheit in ihrem Wesen zu verstehen und darum ist es nötig, sie in verständliche Worte zu kleiden, Thesen aufzustellen, der Masse Vorschriften zu geben und streng zu verbieten, diese zu ändern oder nach eigenem Gutdünken auszulegen. — Die Lehre des Meisters ist der Kern. Die Aufgabe der Jünger und Schüler ist es, diesen Kern der Menge nahezubringen und verständlich zu machen. Der primitive Mensch kann sich noch nicht zu geistigen Höhen erheben. Er will seinen Gott in sichtbarer und greifbarer Form anbeten. Darum kleiden die Schüler die geistige Wahrheit in symbolische Formen, die dem Grade des Volkes entsprechen. So wurden die heiligen Geheimnisse des inneren Weges der menschlichen Seele in symbolischer Rede, Äußerlichkeiten und Zeremonien den jeweiligen seelischen Erfordernissen des Volkes angepaßt. Auf diese Weise entstehen Religionen, Dogmen und Zeremonien, die, wie eine Schatulle den Schmuck, die geistige Lehre des Meisters, die WAHRHEIT enthalten.

Die Religion ist der Körper der Wahrheit.

Alles was geboren wird, muß auch sterben. Die Religion ist ein Körper, und der Körper ist vergänglich. Die Dogmen bestehen aus Worten, die mit der Zeit abgenützt werden und ihre Kraft verlieren. Die Dogmen, die ihre Kraft anfangs aus der Unveränderlichkeit genommen haben, werden mit der Zeit durch diese Unveränderlichkeit starr. Die Sprache ist etwas Lebendiges, immer neue Worte zeugend, die alten, verbrauchten und abgenützten, schließlich lebensunfähig gewordenen Körper von sich streifend. Die nach und nach erstarrten Dogmen sind ungeeignet, den lebendigen Geist der Wahrheit auszudrücken, denn es fehlt ihnen an der nötigen Elastizität, um veränderten Zeiten, der Entwicklung, der Wissenschaft und den gewandelten seelischen Erfordernissen des Volkes zu entsprechen. Die Worte werden leer und die suchenden Menschen können hinter den Zeremonien nicht mehr den Geist der Wahrheit entdekken. Die Rituale befriedigen nicht mehr, denn die Religionsgründer, die die Wahrheit in diese Zeremonien einkleideten, sind längst gestorben und die Symbole sind im Laufe der Jahrhunderte durch viele Hände gegangen. Ihr wirklicher Sinn ist verschwunden. Die wörtliche Deutung der symbolischen Rede ist mit der Entwicklung des menschlichen Verstandes und mit dem Fortschritt der Wissenschaft unmöglich geworden. Am Ende bleibt nichts mehr übrig, als die leere Hülle, die Schale, die einstmals die Wahrheit enthielt. Eine Hülle ohne den Geist der Wahrheit wird zu einer Leiche. Wieder irren die Menschen, — nach Wahrheit dürstend, — im Finstern und suchen eine hilfsbereite Hand, die sie aus dem dunklen Wald der Wirrnis und Drangsal herausführt. Und immer wieder erbarmt sich Gott des Volkes und immer wieder sendet er einen Lehrer, der sein inneres Licht jenen weitergibt, die dazu reif sind, der sie auf den Weg der Erleuchtung führt, und den Weg zu Gott. Und wieder verlassen die Schüler ihren Meister, wieder lehren sie die Wahrheit dem Volke, gekleidet in die entsprechende zeitgemäße Form, — und es entsteht der neue Glaube und eine neue Religion.

Die Wahrheit, — wie die Menschen, — kleidet sich immer wieder und wieder in neue Körper, bis der Körper, die Form, ein vollkommenes Ausdrucksmittel des in ihm wohnenden Geistes wird.

So wurden die Religionen der alten Mayas, Assyrer, Sumirer, Chaldäer, Ägypter und die Mythologie des klassischen Hellenismus und der Römer geboren, so kamen sie zur Blüte und starben wieder ab. – Der Eingeweihte aber erkennt in den Symbolen, Dogmen, Riten und Zeremonien wie in allen Religionen der Erde dieselbe Wahrheit. *Die Wahrheit ist eine einzige,* nur die Ausdrucksmittel ändern sich entsprechend den Erfordernissen der Zeiten und Völker.

Wenn wir die Geschichte der Erde betrachten, werden wir überall das Werden, die Glanzzeit und das Vergehen großer Kulturen und ihrer dazugehörigen Religionen finden. Es gibt aber einen Teil der Erde, wo die geographischen Verhältnisse die Möglichkeit historischer Ereignisse ausschließen. Das ist der Himalaya! Dieses Gebirge mit seinem unermeßlichen Massiv, in seiner Unnahbarkeit, mit seinen klimatisch schwierigen Verhältnissen und in das Gebiet des Geistigen gehenden Gründe, macht es unmöglich, daß zwischen seinen Zinnen sich Geschichte abspiele. Um so geeigneter ist dieser Fleck Erde, Einsiedler und Yogis, die sich in seine Täler und Höhlen zurückgezogen haben, vor der Welt zu verbergen und vor der Zudringlichkeit der Menge zu schützen. Diejenigen, die sich seit Jahrtausenden immer wieder in den Gebirgstälern niedergelassen haben, sind Menschen, die nach dem Abstreifen aller Äußerlichkeiten nur für das Wesentliche leben; sie haben es nicht mehr nötig, die Wahrheit in Worte und Formen zu kleiden. Sie kennen die nackte Wahrheit, – und sie leben die Wahrheit und leben nur für die Wahrheit. Die Menschen, welche diese heiligen Männer, – die Yogis, – aufsuchen und sich in ihrer Nähe niederlassen, gehören auch zu denjenigen, die danach streben, die reine Wahrheit zu ergründen, die aber noch der Anleitung bedürfen, um auf dem schmalen Pfade emporzuklettern. Sie erbitten den Rat derer, die bereits am Ziel angelangt sind. Sie werden früher oder später gleichfalls das Ziel erreichen und selber das Geheimnis der Verschmelzung des menschlichen Bewußtseins mit Gott kennenlernen, und so ist es für sie auch nicht mehr nötig, die Wahrheit in Symbole, Dogmen und Zeremonien zu hüllen. Die so miteinander leben, durchschreiten diesen Weg jeder für sich allein, — sie sprechen nicht über die Wahrheit, aber sie *leben* die Wahrheit. Das gesprochene Wort ist schon eine Hülle, ein Kleid, und wenn es die Wahrheit auch noch so gut deckt, so *deckt* es sie doch und es ist nicht die Wahrheit selbst. Das ABSOLUTE läßt sich in seinem Wesen nicht in Worte kleiden, denn dann ist es schon nicht mehr das ABSOLUTE. Die Wahrheit, das Absolute, kann man nur kennen, nur *sein*, durch vollkommene Identität mit ihr in einem vollentfalteten Bewußtsein. Die Yogis begehen diesen Weg jeder für sich; sie haben es nicht nötig, aus Worten zu lernen, was die Sehenden schauen. Sie werden selber Sehende, sie erkennen, sie schauen und erleben die herauskristallisierte WAHRHEIT. Diese ändert sich nicht, denn sie ist ewig! — Jene, die die Wahrheit nicht sehen, also die Blinden, bedürfen irgendeiner Form der Religion. Die Blinden können über die Verschiedenheit der Form streiten, — der Sehende wird, — über Raum und Zeit erhaben, — dieselbe, *eine* Wahrheit — in jeder Religion erschauen. Wenn die in der Wahrheit Lebenden sich begegnen, — und sollten sie auch aus den entgegengesetzten Enden der Welt zusammenkommen, werden nicht über Wahrheit diskutieren, sie können gar nicht darüber diskutieren, da sie in der Wahrheit eins *sind*.

Yoga ist keine Religion, sondern die herauskristallisierte Wahrheit.

Dies ist der Grund, weshalb Yoga seit Jahrtausenden

unverändert ist und bleibt. Seine Geheimnisse werden von solchen bewahrt, die *sehen*. Es gibt keinen Irrtum, nichts was im Laufe der Zeit verbessert, berichtigt oder umgetauscht werden müßte. Zwischen den Gipfeln des Himalaya gibt es keine Gedankenströmungen, die der Mode unterworfen sind, die kommen, herrschen und vorübergehen, denn dort, in den Herzen der Yogis lebt die ewige, unveränderte WAHRHEIT selbst.

Die strahlende Kraft der Wahrheit ist sehr stark. — Es ist ganz natürlich, daß ein so besonderes Gebiet wie der Himalaya, wo unzählige große Yogis und Meister und ihre Schüler friedliche Zuflucht finden, eine unaussprechliche Anziehungskraft hat. Aus allen Teilen der Welt kommen die nach Wahrheit dürstenden Seelen, die mit ihrer Inbrunst und dem tiefen Gottesglauben die magische Ausstrahlung dieses Ortes noch verstärken. Diese heilige Atmosphäre macht sich weithin fühlbar und es ist nicht verwunderlich, daß sie sich durch die Seele der Völker in den Nachbarländern als tiefe Religiosität und Anlage zur Frömmigkeit widerspiegelt. Indien hat seit undenklichen Zeiten aus dem Born der Weisheit und des Wissens getrunken. Jeder Stein, jede Scholle atmet jahrtausendalte Überlieferung aus. Inder, die noch auf einer unentwickelten geistigen Stufe stehen und für die Wahrheit an sich noch nicht reif geworden sind, leben in tiefer religiöser Frömmigkeit und sind immer eifrige Anhänger jener Religion, der sie angehören. Welche Form auch immer der in ihrer Seele innewohnende Gottesbegriff annimmt, der tiefe Glaube und die unerschütterliche Zuversicht zu ihrem Gott, die inbrünstigen Gebete, die sie zu ihm senden, gelangen sicherlich zum EINZIGEN himmlischen VATER, denn ER weiß, daß hinter dem Gott ihres primitiven Verstandes ER selbst es ist, nach dem die andächtigen Seelen dürsten.

Indien hat zahlreiche Religionen in der Vergangenheit erlebt und es leben auch jetzt sehr viele in seinem riesigen Körper. Es bewahrte im Laufe der Jahrtausende im Herzen seiner Kinder die tiefe Andacht und den inneren Kern der Religiosität, die beste Basis, die Wahrheit herauszukristallisieren. Jedermann in Indien bringt jedem Glauben und jeder religiösen Äußerung Ehrfurcht und Rücksicht entgegen, man weiß, daß in jeder Religion derselbe Gott angebetet wird, da es nur einen Gott gibt und nur die Form sich ändert. Die Namen können mannigfaltig sein, — der wirkliche, lebendige Gott ist nur einer. Jedes Gebet, das mit Andacht gesprochen wird, gelangt zu IHM. In Indien schämt sich niemand seiner Religiosität, man empfängt Ehre und Achtung dafür, niemals aber Spott!
Die in Indien auch heute vorherrschenden Bräuche beweisen, daß dieses Volk mit seiner Anlage zur tiefen Religiosität sozusagen dazu vorbestimmt war, die WAHRHEIT für alle Zeiten zu bewahren. Diese Vorbestimmung ist schon durch die geographische Lage bedingt.

*

In einer Länge von 3000 Kilometern ist Indien umsäumt vom Meeresstrand mit goldflimmerndem Sand. Das Blau des Meeres und des Himmels schmelzen beim Aufgang der Sonne ineinander. Bei sinkender Sonne aber sind Wasser und Firmament durch eine scharfe Linie getrennt. An den östlichen Grenzen ist die Landschaft nur wenig hügelig, von nicht sehr zahlreichen Flüssen durchzogen, die aber genügen, Vegetation und Herden dieser tropischen Gegend zu ernähren. An der Westseite beginnt eine Gebirgskette im ältesten Zentrum der Drawiden bei Tinewelly und windet sich wie eine Riesenschlange hinauf bis Bombay. Im Süden liegt das paradiesische Eiland Ceylon, im Norden das gewaltigste Bergmassiv der Welt, der Himalaya. Wahrlich, das Land Indien wird nach allen Richtungen von der Natur selbst beschützt, so, als hätten die Götter vorausgesehen, wessen es zur Erfüllung seiner Sendung bedarf. Das Meer, die Berge, die Flüsse und Gipfel beweisen wahrlich die Freigebigkeit der Götter. Einst war auch die Freiheit jedes Bürgers angeborenes Recht. *In diesem Lande sind die Könige Philosophen und die Philosophen Könige gewesen.*

Wenn ein Fremder mit der Absicht nach Indien kommt, das Land gründlich kennenzulernen und während mehrerer Jahre dort bleibt, wird er trotzdem nur oberflächliche Eindrücke gewinnen. Wenn er noch soviel begeisterte Bewunderung für den Osten hat, wird er doch höchstens erreichen, daß er einige von den zahlreichen Rassen kennt, etwa die südlichen von den nördlichen unterscheiden kann. Zwar wird er das zufriedene Gefühl und den Eindruck bekommen, er habe Indien gesehen und kenne es, ist aber noch sehr weit davon entfernt es wirklich zu kennen. Gelehrte, Forscher, Archäologen, Geschichtsschreiber, Künstler, Musiker und Schriftsteller waren bemüht, in die Einzelheiten dieses sonderbaren Erdteils einzudringen. Ihre Eindrücke können zweifellos tief und gründlich gewesen sein und sicherlich war jeder bestrebt, sich ein klares Urteil in seinem Spezialfach zu bilden. Was er während der Jahre, die er zum Studium Indiens verwendete, mit seinem Intellekt erfassen konnte, das gab er dann der Welt des Westens als Kenntnis über Indien wieder. Die wohlgemeinte Arbeit, der oft ein ganzes Menschenleben geopfert wurde, kann nach menschlichem Ermessen die beste sein, — doch so vollkommen die einzelnen Seiten der Schilderungen sind und die einzelnen Dinge beleuchtet werden, so bietet solche Arbeit trotzdem nicht mehr, als die Summe großer Mengen gesammelter Einzeleindrücke. Indien wirklich zu studieren, es in seiner Ganzheit kennenzulernen und in seinem Wesen richtig zu erfassen, ist sogar für die Inder eine großartige und überwältigende Aufgabe, denn selbst den Indern ist es kaum möglich, die Fülle der versunkenen Herrlichkeit und die Größe Mutter Indiens völlig zu erschauen. Indien kann man nur dann wirklich kennen, wenn man seine Vergangenheit kennt. Das ist aber fast unmöglich, denn für die Inder waren Zeit und Raum nie wichtige Faktoren, und Jahreszahlen wurden deshalb in den seltensten Fällen aufgezeichnet. Es gibt also eigentlich fast keinen festen Punkt, von dem ausgehend man die Vergangenheit und die Geschichte Indiens studieren könnte. Es verliert sich alles in der Legende, und nur die Vielfalt noch gut erhaltener, wundervoller, gigantischer architektonischer und künstlerischer Werke beweisen, daß diese Legenden einst Wirklichkeit gewesen sind. Die Vergangenheit Indiens und was das Wort »Indien« in Wirklichkeit bedeutet, kann man mit Hilfe des einfachen Verstandes nicht verstehen. — Man kann es erfühlen und erleben! — Ein westlicher Gelehrter sagte: »Je mehr ich von diesem Lande sehe, um so mehr sehe ich von seiner Vergangenheit. Je mehr ich von der Vergangenheit sehe, um so deutlicher sehe ich, daß diese Vergangenheit auch heute noch lebt. Wie eine neblige Strecke erscheint mir der Pfad, dem ich folgen soll, aber tausend Jahre wären zu wenig, um alles zu sehen.«

Das indische Auge sieht natürlich mehr, denn die Vergangenheit ist mit dem Inder geboren und er trägt sie unbewußt in allen seinen Knochen, im Mark, in den Nerven und im Blut, ohne daß er es wollte oder wüßte. Jeder Inder ist ein Stück Indien samt Vergangenheit, Gegenwart und Zukunft. Wenn der indische Säugling zum ersten Mal seine glänzenden, schwarzen Augen öffnet, offenbart er darin schon die Trauer über die große und erhabene Vergangenheit, und dieser melancholische Ausdruck liegt auf dem Gesicht jedes erwachsenen Inders, ob ihm der Grund bewußt ist oder nicht. Diese in seiner Seele immer noch lebendige Vergangenheit treibt und spornt ihn an, höhere Ziele zu suchen, Befreiung aus jeder irdischen Knechtschaft anzustreben, sich nach Gott zu sehnen! Indien ist ihm die große Mutter, die ihm den zu beschreitenden Pfad zeigt, und indem er sich aus dem Born der Überlieferung, dem Born der Wahrheit und der Geduld nährt, bemüht er sich, GOTT zu dienen!

Indien gehörte einst den Drawiden, die eine mehrtausendjährige Entwicklung durchmachten. Ebenso wie das Gold durch den Reinigungsprozeß zu gehen hat, so stiegen sie nach und nach über die anderen Rassen empor und es wurde ihre Aufgabe, jenen auf niedriger Stufe zu helfen, sie zu stützen, bis auch sie die Höhe der Drawidenkultur erreichten. Gleichzeitig bewahrten sie aber sorgfältig die geheimen Überlieferungen, die von Generation zu Generation, vom Vater auf die Söhne, übergingen. Die neue Generation erbte, was die Ahnen durch Epochen hindurch behielten und bewahrten: die Urweisheit, die kultischen Geheimnisse und Lehren, die Geheimnisse der Magie, die medizinischen Geheimnisse, — Ayurweda genannt, — und vor allem die Lösung der Lebensrätsel. Ihre geläuterte Geistigkeit verkündete der indischen Welt das große Geheimnis des Menschen: die Lösung des Geheimnisses vom eigenen Selbst. — »Ein zur Erhaltung der Überlieferungen und der Wahrheit auserwähltes Volk«, — so schildert es ein alter, weiser Mann, welcher heute selber noch diese Pflicht erfüllt, indem er die aus allen Teilen des Landes herbeiströmenden, demütigen Schüler unterweist.

Der Ruf des märchenhaften Reichtums Indiens, seiner Edelsteine, seiner Schätze, der goldenen und silbernen Paläste, ging über die Meere und reizte immer wieder die Phantasie erobernder Völker. Schon Alexander der Große und nach ihm andere Machthungrige und Eindringlinge, griffen Indien öfters aus allen Richtungen an. Die Inder verteidigten tapfer ihr Land gegen die Einbrechenden, doch schließlich konnten sie den sich wiederholenden Überfällen nicht mehr standhalten, und so siedelten sich nach und nach verschiedene fremde Volksstämme in Indien an. Durch das stete Eindringen fremder Völker wurden die Drawidas im Laufe der Jahrtausende immer mehr nach Süden verdrängt. Heute beweisen noch Überreste von Kirchen und Ruinen in allen Teilen des Landes die hohe Kultur und einstige Anwesenheit der Drawiden. Touristen und Reisende bewundern und anerkennen sie: »Eine mächtige Welt ist das, aber ihr Ruhm gehört der Vergangenheit an.« Ja, der irdische Ruhm und die irdische Macht gehören der Vergangenheit an. Aber die große Prüfung, die so lange Zeit auf Indien lastete, war Bestimmung. Alles ist gut, wie es ist. Gott weiß besser als unser begrenzter Verstand, was uns frommt. Indien wurde, als sein goldenes Zeitalter vorbei war und eine große Armut über sein Volk kam, um eine tiefe Erfahrung reicher. Es lernte, daß irdische Güter vergänglich sind und das Glück nicht im Reichtum, sondern anderswo zu suchen ist. Besucher von außen sehen, anstelle der einstigen Pracht, Untergang und Verfall. Doch werden sie ein unvergleichlich pulsierendes Leben dort finden, wo die seelischen Schätze verteilt werden.

In Indien wird jeder, vom primitivsten Menschen bis zu dem auf höchster geistiger Stufe stehenden Wahrheitssucher, die ihm entsprechende, geistige Nahrung finden. Die Offenbarung des Glaubens ist bei Menschen auf niedriger Entwicklungsstufe eine andere als auf einer höher geordneten, demnach ist auch die geistige Nahrung verschieden. Die große Masse besitzt keine selbständige Urteilsfähigkeit, nicht das geistige Schauen, um die Wahrheit, — Gott, — in allen Erscheinungsformen des Lebens zu erblicken, sie ist noch auf die Führung angewiesen, findet ihren Glauben in Religionen und sucht in diesen Beruhigung.

Betreten wir eine Kirche bei beginnender Dämmerung, wenn die Abendzeremonien ihren Anfang nehmen, wenn die Kupfergongs geschlagen und die Pforten der Kirchen für die Tausende von Gläubigen geöffnet werden. Hier ist Leben! — Leben im Glauben, konzentriert um die Wahrheit. — Die milde Beleuchtung der Öllampen hüllt die Altäre in mystisches Zwielicht und die Gläubigen fühlen die Gegenwart Gottes. Priester und Lehrer walten in der Kirche ihres Amtes, das Herz der Gläubigen erglüht. Fromm lauscht das Volk den Lehren und geht vollkommen im Gebet auf, das es mit tiefer Andacht zu Gott sendet. Die Zeremonien werden vollzogen und Opferblumen und Früchte vor den Altar gelegt. Nach der Abendandacht kehrt die fromme Schar mit Gottes Segen und dem Frieden im Herzen heim.

Das Leben wäre für den Inder vollkommen sinn- und haltlos, wenn er seine tägliche Andacht versäumen würde. Er hält es für eine heilige Pflicht, für seine seelischen Bedürfnisse ebenso zu sorgen, wie für die leibliche Nahrung. Vom ärmsten Mann der Straße bis zu den führenden Persönlichkeiten des Landes ist der Glaube das tägliche Brot. Die Kirche ist Zuflucht bei Hungersnot, Hochwasser und Feuersbrunst, und die Kirche ist sein Heim, wenn er des Segens teilhaftig wird, des Glückes und der Freude. Die Gläubigkeit erfüllt den größten Teil seines Lebens und er schöpft Trost, Kraft und seelischen Frieden aus dieser Gläubigkeit, die ihm den Weg weist während der flüchtigen paar Jahre, die er auf Erden verbringen muß.

Von dem Moment an, wo der Inder zum erstenmal die Augen öffnet, sieht er die tausendfache Offenbarung des Glaubens um sich. In Indien scheint es als vollkommen unmöglich und undenkbar, daß Menschen ohne Kundgebung ihres Glaubens und der Religion leben können, wie dies in Europa alltäglich ist. Der Inder ist von Kindheit an gewöhnt, in seinem Glauben zu leben und auch die Glaubensäußerungen anderer Religionen um sich zu sehen. Er wundert sich nicht über sie, denn er wird schon frühzeitig von seinen Eltern belehrt, die kultischen Bräuche anderer in Ehren zu halten. Deshalb wird er, wenn er auf der Straße religiöse Umzüge sieht, anstatt sie zu verachten und zu bespötteln, seine eigene Andacht *hinzufügen*. Er weiß, daß die Glaubensäußerung, welche Form sie auch annimmt, zu einem und demselben Gott gelangt und von Ihm auch angenommen wird. Denn Gott gibt es nur EINEN. –

Ich selbst bin auch unter religiösen Kundgebungen mannigfaltiger Art aufgewachsen. Von klein auf sah ich Tausende von fanatischen Gläubigen bei ihren festlichen Anlässen versammelt, die im Stadtzentrum von Madras ihrem Glauben Ausdruck gaben. Ich habe sie beobachtet, während der immer sich wiederholenden Prozessionen, die Männer, Frauen und Kinder, vom zitternden Großvater bis zu den Kleinsten mit den lebhaften, großen wundergläubig geöffneten Kinderaugen. Gläubige jeden Alters waren auf der Straße in *eine* Andacht zusammengeschweißt, ihrem tiefen Glauben offenen und aufrichtigen Ausdruck gebend. – Wenn die mächtigen Statuen aus Bronze, Silber und Gold herumgetragen werden, folgen ihnen alle Augen in einzigartiger Konzentration, und sie entzünden in den Herzen die Flamme der Liebe und der echten Frömmigkeit. Fremde beurteilen es falsch, wenn sie diese Bildwerke als

Götzen betrachten. Diese sind ebenso wenig Götzenbilder, wie die Abbildungen der heiligen Dreifaltigkeit, Christi, Mariä und der verschiedenen Heiligen in den christlichen Kirchen. Wie der gebildete Christ *nicht die Statue,* sondern die im Bildwerk *symbolisierte* Idee anbetet oder verehrt, ebenso betet der gebildete Inder die Idee, den Geist, im Symbol eines herumgetragenen Bildes an. Die Masse, hier wie dort, braucht noch die sichtbare Form, da sie nicht geistig genug ist, um Gott ohne die Hilfe äußerer Form zu erleben. Die Religionen aller Zeiten haben die auf die Sinne wirkenden Mittel wie Form, Farbe, Ton und Wohlgeruch, als Hilfsmittel zum Ausdruck einer Idee und zur Erweckung der Andacht gebraucht. Jede Religion benützt zur Erhebung der Seele Bildwerke, Gemälde, Musik und Weihrauch. Die seelischen Führer kennen die Gesetze der Seele und wissen, mit welchen Mitteln man erhebend auf die Seele wirken kann. Diese sind aber nur Hilfsmittel und nicht das Ziel. –

Doch kehren wir zu den Gläubigen in Madras zurück. – Begleitmusik, Trompetenton erschüttern die Seelen der Gläubigen, und die Prozession wiegt sich mit lautem Gesang auf den Wellen der Andacht. Das seelische Erlebnis und die Begeisterung, ob es nun Mittag oder Mitternacht sei, bleiben sich unverändert gleich. In den Mittagsstunden kümmert sich die Menge überhaupt nicht um die sengende Sonne, das Feuer des Glaubens lodert stärker in ihnen, als die Glut der Sonnenstrahlen. Nackte Männer und Knaben, mit Schellen an den Knöcheln und Streichinstrumenten in der Hand, singen Dankhymnen an den himmlischen Prinzen Raja-Kumara, den Sohn des Königs Dasara, oder zur Göttin Parvati, der Göttin des Gottes Shiva, oder zu Laxmy, der Göttin der Schönheit und des Glücks, der Gattin des Gottes Vishnu. – Diese und noch viele andere Götter und

Göttinnen sind symbolische Gestalten der indischen Mythologie, deren Aufzählung und Beschreibung nicht in den Rahmen dieses Buches gehört. Um aber die indische Denkweise besser verstehen zu können, finde ich es wichtig zu erwähnen, daß diese vielen, mit verschiedenen Eigenschaften sich offenbarenden Götter und Göttinnen als die verschiedenen Spielarten der Schöpferkraft Gottes gelten, symbolisch personifiziert. Das primitive Volk sucht in ihnen allerdings nicht die geistigen Kräfte, die sie symbolisieren, da es sie mit seinem Intellekt nicht versteht. Sie wurden für das Volk in reiche, bunte Symbole gehüllt, weil es die Wahrheit der Philosophie nur in Märchen und Gleichnisse eingekleidet verstehen kann. — Die Inder befolgen die Vorschriften ihrer Religionen blindlings und in frommer Weise und geben ihrer seelischen Sehnsucht nach Gott in den zum Himmel gesendeten frommen Gesängen Ausdruck. Aber nicht nur im Gesang preisen sie Gott. Die Andacht wird auch in Körperbewegungen, in heiligen Tänzen erlebt. Es ist ein alltägliches Bild, daß in der Prozession ein Tänzer, mit kleinen Schellen an den Fesseln und Handgelenken, nach dem Rhythmus der Begleitmusik mit steifen Gliedern Tanzschritte vorwärts, dann wieder kleinere rückwärts macht und auf diese Weise sich langsam weiterbewegt. Zu jeder Bewegung schüttelt er die Schellen und steigert damit den Rhythmus der Begleitmusik. Seine Bewegungen können kaum als ästhetisch angesprochen werden, sie sind vielmehr langweilig . . . aber trotzdem . . . aus seinem starren Blick und seinen steifen Gesten strahlt eine himmlische *Seligkeit,* — eine derartige Kraft des erlebten Glaubens, — daß die Menge sich ehrerbietig vor ihm beugt und mit gefalteten Händen die heilige Offenbarung Gottes verehrt. Das ist keinesfalls Abgötterei und ebensowenig die Anbetung eines Menschen, denn nicht *der* Tänzer, sondern

GOTTES SEELE wird *durch* den Tänzer angebetet. — Dies alles ist für abendländische Augen und auch für viele, im christlichen Glauben aufgewachsene Inder eigenartig und phantastisch, — wir wollen aber diese Äußerung des Glaubens nicht bekritteln, sondern ehren, entspringt sie doch aus einem aufrichtigen, echten Glauben und bietet der Masse Glück und seelische Befriedigung, damit sie die schweren Lasten ihres Lebens mit Frieden und Demut tragen kann.

Religiosität und Glaube sind in Indien die tiefgehenden, erhaltenden Tatsachen des Lebens, auf die jede wichtige Begebenheit des Daseins gegründet wird. Auch in der Ehe herrschen solche Bräuche, die die seelische Einstellung des Orientalen treu widerspiegeln. Zum Beispiel gibt es einen Brauch nach der Eheschließung, den Jungvermählte aus dem Abendlande kaum gerne nachahmen würden. Kurz nach der Trauung begibt sich das junge Paar auf einen Pilgergang, um seine heilige Absicht zum Ausdruck zu bringen, das gemeinsame ganze Leben Gott zu weihen. Nach Vorschrift legen sie dazu Kleider aus safrangelbem Leinen an und wandern, leise summend, durch Dorf oder Stadt, begleitet von einem Kirchendiener, der ihren eintönigen Gesang mit Gong- und Trommelschlag begleitet. Eine ganz bescheidene Musik, aber eben durch ihre unendliche Eintönigkeit und Gleichmäßigkeit stark auf die Seele wirkend. Schon von weitem kann man hören, wie sich langsam das Paar nähert, und noch lange, nachdem es vorbeigezogen ist und weiterwandert, hört man das melancholische Gesumm und die rhythmischen Gong- und Trommelschläge immer noch. Diese, von tiefem Gefühl durchdrungene Musik, hat eine seelenbewegende Kraft und auch der europäisch gekleidete, gebildete Inder, ob er nun in der Straßenbahn oder sonstwo ist, wird, beim Anhören dieser Töne, seine Hände falten, mit geschlossenen Augen ein Gebet sprechen und dem jungen Paar seinen Segen nachsenden. Auch aus den Häusern treten die Menschen, und die Frauen bringen zu Ehren der Neuvermählten Schüsseln mit Kokosnüssen, Blumen und brennendem Kampfer herbei. Sie denken an die Zeit zurück, wo sie selber diesen Pilgergang machten und erbitten den Segen für die Jungverheirateten, weil diese noch so unverdorben rein sind und ihre Seele erfüllt ist mit Gott. Die jungen Menschen aber schämen sich nicht, daß sie, wohin sie auch kommen mögen, von jedem betrachtet werden, — im Gegenteil, sie sind sich der Wichtigkeit ihrer religiösen Handlung bewußt, und sie nehmen das ihnen dargebrachte allgemeine Interesse mit Würde entgegen. Am Ende des Pilgerweges angelangt, bieten sie, zum Zeichen der Demut, der Milde, des Gehorsams und des Dienstes, den Schmuck ihres Kopfes — ihr Haar — Gott dar. Der Scheitel wird kahl rasiert — und auch das schönste Paar lernt und bezeugt dadurch, daß die Schönheit des Lebens nicht in der äußeren Erscheinung besteht, sondern dort wohnt, wo Gott und die Liebe wohnen, in der Geheimkammer des Herzens. —

Ich gebe zu, daß schon der bloße Gedanke zum Lächeln zwingt, daß eine schöne, junge, europäische oder amerikanische Frau und ein junger Mann sich den Kopf glatt rasieren lassen sollen, nur um ihre Überzeugung zu beweisen, daß nicht die äußere Erscheinung und körperliche Schönheit, sondern die inneren Werte von Wichtigkeit sind! Welche junge Dame im Westen würde wohl ihr sorgfältig in Dauerwellen gelegtes Haar opfern? Man soll aber nicht vergleichen. Verschieden ist der Weg des Morgenlandes und derjenige des Abendlandes, — und trotzdem finden sie sich im Ziel! Tatsache ist, daß dieser Brauch des Kopfrasierens die Liebe der jungen Eheleute gründlich auf die Probe stellt, und wenn sie auch dann ihre Neigung nicht verlieren, so werden sie wirklich nicht durch Äußerlichkeiten, sondern durch geistige Bande miteinander verknüpft sein. — Kahlköpfig wandeln sie nunmehr von der Pilgerstätte dieselbe Strecke, die sie gekommen sind, heimwärts, und die Menge erbittet wieder ihren Segen. In ihrem Heim angelangt, beginnen sie das neue Leben in reiner erhabener Atmosphäre. Die heiligen Gefühle werden miteinander geteilt und so beginnt ihre leibliche und seelische Vereinigung. —

Religiöse Gewohnheiten solcher Art sind für die Herzen von Millionen eine Notwendigkeit, denn das heiße Bemühen um die Erreichung einer höheren geistigen Stufe ist ebenso nachhaltig, wie die errungenen Erfolge des irdischen Lebens. Von der frühesten Jugend an bis zum Mannesalter und weiter bis zum Greisenalter, haben die Inder das absolute Empfinden, für die Jahre des irdischen Lebens und für die Freuden, die ihnen zuteil werden, Rechenschaft ablegen zu müssen. Wenn Eheleute im Alter eine Bilanz ihres Lebens machen und sie haben das Gefühl, ihre Schulden wiegen schwerer als der dafür entrichtete Zins, so pilgern sie jetzt mit gebrechlichen alten Füßen, langsamen Schrittes, noch einmal zu der Stelle, wohin sie einst in ihrer Jugend gegangen sind, — und die ewig für sie heilig bleibt. Dort halten sie Einkehr und erbitten die Verzeihung Gottes und seine Gnade, bevor sie die Pforte ins Jenseits durchschreiten.

Im Pilgergang erblicken die Inder ein äußeres Symbol des inneren, geheimen Weges der Seele zu GOTT. Das ist die Erklärung für diesen allgemeinen und vorherrschenden kultischen Brauch. Von der Südspitze Ceylons bis zum Himalaya setzt dieser Glaube die Massen in Bewegung, um zum heiligen Ganges, oder, wie wir den Fluß nennen — Ganga-Nadi — zu pilgern, um in seinem reinigenden Wasser zu baden und sich von den Sünden zu befreien. Jeder glaubenstreue Hindu nimmt sich vor, zumindest einmal im Leben, nach der für ihn heiligen Stätte zu pilgern, um seinen Körper in die geheiligten Fluten zu tauchen. Diese sich von Jahr zu Jahr wiederholenden Massenwanderungen und das Strömen nach den Religionszentren bietet ein anschauliches Bild von dem gewaltigen Glauben der Inder. Nichts kann die Grundfesten ihrer Frömmigkeit erschüttern, nichts kann sie schwächen, denn sie sind wie ein Fels und Schutzwall seit unzähligen Generationen. —

Zugegeben, daß es unter den Glaubenskundgebungen der Inder auch viele gibt, die abstoßend wirken. So gibt es bei einzelnen Sekten auch heute noch blutige Tieropfer. Solche und ähnliche kultische Auswüchse hinterlassen nicht nur bei den Menschen des Westens, sondern auch bei den anders gesinnten Indern einen peinlichen Eindruck. Tatsächlich sind diese Dinge ein Beweis der Religiosität, die sich aber, — in eine falsche Richtung gelenkt, — unrichtig offenbart. An einem so mächtigen Körper wie es Indien ist, zeigt sich hie und da auch ein Makel. Wollten wir aber, — zumal in einem so kurzen Querschnitt wie dieses Kapitel ist, — mehr darüber sagen, so würden wir den Gesamteindruck des Körpers, bei dessen Größe dieser Makel eine Belanglosigkeit ist, fälschen. Um aber jeden Schein zu vermeiden, als wäre ich als Inder voreingenommen, will ich einen Europäer sprechen lassen, der seine indischen Erfahrungen mit absoluter Sachlichkeit wiedergegeben hat. Es gab nämlich Besucher aus dem Westen in nicht geringer Zahl, die in ihren Reiseberichten durchaus nicht sachlich waren, und die ausschließlich über solche Makel geschrieben haben. — Der bekannte Indologe, Dr. Erwin Baktay, schaute Indien mit unparteiischen Augen, und aus seinem Buche soll hier folgendes zitiert werden:

»Im Laufe der Jahre, die ich in Indien verbrachte, gewann ich neben den vielen erhabenen Erlebnissen auch viele antipathische und befremdende Eindrücke. Als ich aber die Gesamtheit der Eindrücke aus der nötigen Perspektive betrachtete, verblaßten die deprimierenden Impressionen, sie verschwanden im Glanze der geschauten Schönheit und Wahrheit. Die universelle, allgemeine Vision nimmt alles in sich auf; — die Antipathie, die Pose der Ablehnung, klassifiziert nach egoistischen Gesichtspunkten, und seziert das organische lebendige Ganze wie einen Kadaver. Eben deshalb ist die große Umarmung der Liebe, des Mitgefühls, weiser und gerechter, als die Anschauungsweise einer kleinlich analysierenden zergliedernden Kritik. Ich erlebte die Gesamtheit Indiens, die Zusammenfassung seines Lebens, seiner großen, menschlichen Tatsachen, also die organische Wahrheit — und in dieser Ganzheit schrumpften die Schönheitsfehler, die störenden Mängel der Details zu geringen Fleckchen zusammen. Auch die herrlichste Kathedrale verliert die durch die Gesamtwirkung bedingte Schönheit und ihren Sinn, sobald wir mit einer Lupe in der Hand, einzelne rissige, verwitterte oder geborstene Steine untersuchen. Soll nun das das richtige Bild sein, das jeden Makel, jeden kleinen Schmutz photographisch wiedergibt? — Das synthetische Schauen faßt alle Elemente zusammen, um ein lebendiges Ganzes zu geben. Die analysierende Kritik aber tut, als ob jemand das Wesen der Notre Dame feststellen wollte, indem er die Kirche zerstört und mit den Worten auf den Schutt- und Trümmerhaufen weisen wollte: Siehe, das ist die Wirklichkeit!« —

Die in allen Straßen und Ecken hausenden Büßer, die allgemein unter dem Namen »Fakire« bekannt sind, machen einen unangenehmen Eindruck auf die Fremden. Die meisten von ihnen sind der Überzeugung, daß sie in diesem oder in einem vorherigen Leben Sünden begangen haben, weil sie körperlichen Begierden nachgaben, und büßen nun ihre Sünden ab, indem sie die fleischlichen Gelüste bekämpfen und unter den größten Entbehrungen und Kasteiungen leben. Sie entziehen ihrem Körper jede Bequemlichkeit und ersinnen die wechselvollsten Qualen zur Kasteiung, um eine volle Herrschaft über den Körper zu erlangen. Tatsächlich erreichen sie dieses Ziel und können Folterqualen gefühllos und gleichgültig ertragen, die für den Durchschnittsmenschen schauererregend sind. Zu den mildesten Qualen gehört es, z. B. ihren Körper dicht mit Asche zu bestreuen und in der tropischen Hitze, Tag um Tag unbeweglich, den Sonnenstrahlen ausgesetzt, dahinzubrüten. — Sie bekommen dabei weder Kopfschmerzen, noch droht ihnen die Gefahr eines Hitzschlages . . . Der Fakir, der auf einem mit spitzen Nägeln ausgeschlagenen Brett liegt, ist im Westen aus den Reisebeschreibungen bekannt. — Ich sah einen Fakir, der hundert Stück Zitronen an seinem Körper trug. Jede Zitrone war an einem besonderen Draht befestigt, der in einem Haken endete, und diese hundert Haken steckten in der Haut des Büßers. Auch durch beide Mundwinkel hatte er einen Draht gezogen und daran je eine Zitrone hängen. Es war ein grauenerregender Anblick. Es gibt Hunderte und Hunderte von Variationen dieser Selbstpeinigung und es ist nicht verwunderlich, daß der Fremde diese Erscheinungen als abnorm, ja, als den Ausdruck von Geisteskrankheit betrachtet. Vergessen wir aber nicht, daß diese Abnormität *niemandem schadet und für die Gemeinschaft nicht gefährlich ist,* — was man bei den meisten, als »normale Menschen« betrachteten Trinkern, nicht behaupten kann. Für die Büßer selbst hat sie nur nützliche Folgen, denn sie kommen zu einem Grad der Selbstbeherrschung, die für den Durchschnittsmenschen fast undenkbar ist. *Die Selbstbeherrschung aber ist gerade das Gegenteil von Geisteskrankheit!*

Solche Fakire soll man nie mit dem Sanyasi, dem Sadhu und Yogi verwechseln! — Die letzteren sind weise und heilige Männer mit großem Wissen, die in den höchsten geistigen Sphären leben — und nicht mit den Fakiren verglichen werden dürfen, die öffentlich auf den Straßen und in der Nähe von Kirchen hausen. *Einen Yogi sehen, ist die größte Seltenheit,* denn sie leben in vollkommener Abgeschiedenheit oder eventuell im Kreise ihrer Schüler. Sie gehen nur selten unter die Menschen, und wenn es der Fall ist, wird niemand, der sie nicht persönlich kennt, eine Ahnung davon haben, daß man, vielleicht sogar in einer Straßenbahn, neben einem Yogi sitzt, denn die *geistigen Höhen haben keine äußerlichen Erkennungszeichen.* Ein Weiser oder Meister wird sich nie selbst peinigen, sich aber noch weniger auf die Straße setzen, um von jedem Passanten neugierig betrachtet zu werden und dessen Mitleid zu erwecken. Solches unternehmen nur Menschen mit einer primitiven Intelligenzstufe.

Jede laute und marktschreierische Offenbarung des Glaubens ist eine Eigenschaft primitiver Menschen, der Masse auf niedriger geistiger Stufe. Dennoch ist sie nötig, denn der Glaube verbindet die Menge und schmiedet sie in ein Großes, Ganzes zusammen. Die Einheit ist wie ein gigantischer Pfeiler, der das Schicksal der Menschen zusammenhält — sie ist die größte Kraft auf der Welt.

In Indien leben die großen Massen des Volkes in namenlosem Elend. Wie könnten sie die schweren Heimsuchungen des Lebens ertragen, wenn ihnen der Glaube nicht die Kraft dazu verleihen würde? Der Inder weiß, daß ein schweres Erdenlos und alle Leiden die Folge der im vorhergehenden Leben begangenen Sünden ist. Hatte er im früheren Leben nicht die Lehren befolgt, sondern war seinem Egoismus verhaftet geblieben, so werden ihm jetzt die Augen durch das Elend geöffnet. Er sieht seine Irrtümer und Fehler, und das jetzige Leben bietet ihm Gelegenheit zur Wiedergutmachung. Dies ist sein Schicksal — sein Karma —, und diesem kann er nicht entgehen.

Die großen Geister, die in Indien seit Jahrtausenden die Gesetze der Seele lehrten, haben stets darauf hingewiesen, daß die im Innern der Seele, und die im Universum nach außen wirkenden Kräfte identisch sind. Dieselben Kräfte sind in der menschlichen Seele tätig, wie die Kräfte in der — scheinbar — außerhalb von uns stehenden Welt. Bewege ich also in meiner Seele eine Kraft, so bewegt sich diese, — nach dem Gesetz der Resonanz — auch in der äußeren Welt, — und in meinem Schicksal vollzieht sich eine Änderung. Dies gilt auch umgekehrt. Bewege ich in der äußeren Welt eine Kraft, dann regen sich in mir die gleichklingenden Kräfte, und je nachdem ich eine positive oder negative Kraft bewegt habe, wird in mir selbst ein beglückendes und schönes, — oder ein Gewissen aufrüttelndes, quälendes Gefühl entstehen*. Weder eine Geste noch einen Atemzug kann ich tun, ohne dadurch in der äußeren Welt, wie auch im Inneren meiner Seele, eine unendliche Kette von Folgen auszulösen. Das irdische Leben ist nichts anderes, als die komplizierte Verkettung all der Folgen früherer und auch im gegenwärtigen Leben verübter Handlungen. Diese gestalten mein Schicksal, welches die von mir selbst in Gang gebrachten Kräfte unerbittlich auf mich zurückspiegelt. Das Gesetz eines Zusammenhanges zwischen der inneren Struktur der Seele und dem persönlichen Schicksal, wird im Sanskrit »Karma« genannt. Der Inder weiß, daß er dem Gesetz des Karma nicht entgehen kann, hat er doch selbst den Samen seines Schicksals gesät, so muß er auch die Früchte davon ernten, ob sie nun süß oder bitter sind. Er wird die Schuld nicht einem andern zuschieben. Geht es ihm schlecht, so trägt er es mit Ergebenheit. Er weiß, daß

* siehe ausführlicher: Yesudian, »Sport und Yoga«.

er mit jedem Leid, mit jeder Heimsuchung eine Schuld an das Karma abgetragen hat. Er weiß, daß nichts Zufall, sondern alles eine Folge ist. — Es ist kein Zufall, wohin, in welche Familie, in welche Kaste, er hineingeboren wird, — was die Möglichkeiten seines ganzen Lebens bestimmt.
Auch das Kastensystem ist etwas, das der Fremde sehr schwer versteht und überhaupt nicht billigt. In vieler Beziehung dürfte er recht haben. Doch versuchen wir, das Kastensystem vom irdischen Gesichtspunkt aus zu betrachten.
Indien hatte im III. Jahrhundert vor Christi einen sehr weisen Herrscher namens Asoka. Dieser gehört zu den größten Geistern, welche die Menschheit je hervorgebracht hat. Unter seiner Herrschaft erlebte Indien jenes herrliche Zeitalter, in dem der größte Teil der prachtvollen architektonischen und literarischen Kunstwerke entstanden sind. Diese Kunstschätze erregen heute noch Bewunderung. Während seiner Herrscherzeit standen nicht nur die Baukunst, die bildenden Künste und die Dichtkunst, sondern auch alle Zweige der Wissenschaft auf dem Höhepunkt ihrer Entwicklung. Nach der Überlieferung befaßte sich auch Asoka mit den Wissenschaften. So pflegte er vornehmlich die Heilkunde für das Wohl seines Volkes. Die ärztliche Wissenschaft heißt in Indien »Ayurweda«. Es gibt medizinische Bücher, die auf das stattliche Alter von 5000 Jahren zurückblicken können. Aus diesen geht hervor, daß die in der Ayurweda Beflissenen schon damals von dem Vorhandensein krankheitserregender Bazillen wußten, daß sie das Sekretionsdrüsensystem kannten, ferner die Geheimnisse des Gehirns und des Rückenmarkes, den Blutkreislauf, das Mysterium des Herzens und noch viel Anderes, zum Teil Dinge, die die ärztliche Wissenschaft des Abendlandes überhaupt nicht kennt oder mit denen sie sich

erst in den letzten 50 bis 100 Jahren zu befassen begonnen hat. Diese Bücher gehen in Indien vom Vater auf den Sohn über und ihre Geheimnisse werden streng bewahrt, — ausgenommen in sehr seltenen Fällen, wo jemand im Interesse der Gemeinschaft, nie aus Neugierde, daraus schöpfen will. — Asoka lernte aus den Büchern der Ayurweda die Gesetze der Natur kennen und wußte, wie diese mit geistiger Kraft zu beherrschen sind. Er kannte die Gesetze der Vererbung und wußte, wie die Eigenschaften des Körpers durch Zuchtwahl vervollkommnet werden können, damit er ein besseres und brauchbareres Ausdrucksmittel für das SELBST werde, das sich in den Körper kleidet. Er wußte auch, wenn in einer Familie immer wieder derselbe Beruf vom Vater auf den Sohn weitergegeben wird, daß jede neue Generation im allgemeinen mit einer gesteigerten Anlage und vermehrter körperlicher Fähigkeit für diesen Beruf geboren wird. Ebenso, wenn Menschen ständig aus derselben Berufsgruppe miteinander verheiratet werden, so kann man systematisch und mit Absicht so vollendete Menschentypen in einer gewissen Richtung heranbilden, wie sie sonst eventuell überhaupt nicht, oder nur ganz selten geboren würden.
Ich führe hier ein Beispiel an und zwar ein europäisches, wie sich einem von Generation zu Generation gepflogenen Berufszweig auch der Körper anpaßt: Nijinsky — das weltberühmte Tanzphänomen polnischer Abstammung. Seine Ahnen väterlicherseits waren bis in die fünfte Generation Tanzkünstler. Auch seine Mutter war eine hochbegabte, kultivierte, berühmte Tänzerin. In Nijinsky vollendeten sich alle Erfordernisse, die nötig sind, um die allerhöchste geistige Ebene durch *Bewegungen* zu offenbaren. Sein Nervensystem vermochte die tiefsten seelischen Erlebnisse zu vermitteln und in alle Fasern seines Körpers weiterzu-

leiten, und der Körper befolgte, als ein höchst gefügiges Instrument, die in Bewegungen ausgedrückte Offenbarung der schöpferischen Kraft. Aber nicht nur das Nervensystem und die bewunderungswürdige Muskulatur erreichten diesen Entwicklungsgrad, sogar das Knochensystem paßte sich dem, vom Vater auf den Sohn vererbten, Künstlertum an: Nijinsky wurde mit einer hochgezüchteten Veränderung im Fuße geboren, die ihm Sprünge ermöglichte, die ihm niemand nachmachen konnte, ja, die ihn beinahe zum Schweben befähigten. Aus dem Buche, das seine Frau, Romola Pulszky, über ihn schrieb, seien hier einige Zeilen zitiert:

»Doktor Abbé zeigte mir ein Röntgen-Bild und erklärte anhand dessen die verblüffende Tatsache, daß der Fuß von Vaslav anatomisch nicht so gebildet sei, wie der eines anderen menschlichen Wesens, sondern er stellte einen Übergang zwischen Mensch und Vogel dar.« – »Wie erklären Sie das, Doktor?« – »Ja, Vererbung; die fünfte Tänzergeneration. Nicht nur die Folge seiner Erziehung und des unablässigen Übens, sondern daß auch seine Ahnen so gelebt haben. Das ist auch das Geheimnis seines unvergleichlichen Hochsprunges, es ist kein Wunder, daß er zu fliegen scheint. Nijinsky ist ein menschlicher Vogel.« – Er bat um Überlassung der Röntgenaufnahme, denn er wünschte sie einem medizinischen Museum zu schenken.«

Asoka und die, in seinen Fußstapfen wandelnden, späteren großen Herrscher Indiens, wollten in allen Berufszweigen Menschen mit vollendeter Fertigkeit heranbilden, und so wurde es nach und nach zum Gesetz, daß jeder den Beruf des Vaters zu befolgen hatte und nur in demselben Berufskreis, – »Kaste« –, verheiratet werden durfte. Anfänglich teilte sich die Bevölkerung nur in vier Klassen: höhere geistige Berufe, dazu gehörten Herrscher, Priester, Gelehrte, Ärzte, auf sanskrit »Brahmanen« genannt; dann folgte die

Kaste der Krieger, auf sanskrit »Ksatria«, der Kaufleute, auf sanskrit »Waisia«; und schließlich die Kaste der Arbeitenden, auf sanskrit »Sudra«. Nach und nach teilten sich diese Hauptklassen in immer mehr und mehr Zweige, bis schließlich unzählige Unter- und Nebenklassen entstanden. Sie wurden Kasten genannt, auf sanskrit eigentlich »Dschaty«; im allgemeinen Sprachgebrauch hat man sich aber an das Wort »Kaste« gewöhnt. Dieses System wird als Kastensystem bezeichnet.

Die Begründer dieses Systems wußten, daß, auf was man sich konzentriert, ob auf physische, seelische oder geistige Arbeit, es im Grunde dasselbe sei, die Hauptsache ist die Konzentration an sich, weil sie das Bewußtsein erweitert und den Menschen früher oder später dahin führt, daß sich sein geistiges Sehen öffnet und er den inneren Pfad der Seele betritt. Diese Stufe kann also der Angehörende einer jeden Kaste innerhalb seiner Klasse erreichen, wenn er seine Arbeit mit Herz und Seele ausführt. Somit umschließt das Gesetz das Kastensystem für alle gleich, daß einer, der den erwähnten Grad erreicht hat und sich — vom weltlichen Leben abkehrend, nur mehr dem Yoga widmet, er dann keiner Kaste mehr angehört, sondern über die Kasten erhaben ist und vom Geringsten bis zum Höchsten als ein Mensch geachtet wird, der den Pfad der Heiligkeit betreten hat.

Am Anfang bestand die Möglichkeit, daß eine überragende Begabung zum Übertritt in eine andere Kaste berechtigte! Solange diese ersten Ideen und das Wollen dazu lebendig waren, trug es auch seine Früchte. Die historischen Denkmäler und Tatsachen beweisen, welch gewaltige geistigen Größen Indien einst hervorgebracht hat. Man befaßte sich mit allem, — ob nun mit Seelenforschung, Kunst, Literatur, Wissenschaft, Handel, Gewerbe oder sonstigen Zweigen der menschlichen Betätigung, — und zwar sehr systematisch, die Wurzel der Sache ergründend, was eine Entwicklung bis zur höchsten Vollendung zur Folge hatte. Leider sind in vielen Belangen nur mehr Andenken dieser Vollkommenheit übriggeblieben; — die großartigen Systeme der Seelenforschung aber sind — durch Yoga — in ihrer Ganzheit uns überliefert worden und sind auch heute noch lebendig. — Mit der Zeit erstarrte das Kastensystem, wie jede Idee, zum leblosen Buchstaben, und der vom Gesichtspunkt der Rassenveredelung so hervorragende Gedanke entartete zu einem schwerfälligen Dogma. Heute entspricht es weder seinem ursprünglichen Zweck, noch den Erfordernissen der heutigen Zeit. Die Reform des Kastensystems ist nur mehr eine Frage kurzer Zeit. Diese Reform stand unter den Ideen, denen Ramakrishna, Swami Vivekananda und in der letzten Zeit Gandhi ihr Leben widmeten, an erster Stelle, und falls sich ihre Ideen in Indien so weiterverbreiten wie in den letzten Jahrzehnten, so löst sich diese Frage von selbst. Der moderne Inder fühlt sich schon nicht mehr so zu einer Kaste gehörend wie früher. Je mehr sich neuzeitliche Anschauungen verbreiten, hört das *Gesetz* des Kastensystems auf. *Das Kastensystem selber aber bleibt, — wie es ja überhaupt auf der ganzen Welt besteht!* — nur nicht in der unüberbrückbaren, starren Form wie in Indien. Mit nicht geringer Überraschung stellte ich fest, daß auch in Europa, — wo jeder es als seine dringendste Aufgabe erblickte, mich wegen des indischen Kastensystems zur Rechenschaft zu ziehen, — die gleiche Bestürzung und Verzweiflung, dieselben Tränenergüsse und üblen Nachreden im Kreise von Verwandten und Bekannten ausgelöst werden, wenn sich ein Mitglied einer vornehmen oder reichen Familie »unter seinem Rang« verehelichen will. — Wo es Menschen gibt, werden wir stets das Allzumenschliche finden. Versuchen wir einander zu verstehen . . .

Für den Inder ist das Kastensystem nicht eine schwere Last, wie es sich der Fremde vorstellt. Der Inder glaubt nicht an den Zufall, und wenn er in eine niedrige Kaste hineingeboren ist, so weiß er, daß er für die Weiterentwicklung seiner Seele bestimmte Erfahrungen nötig hat, die er sich nur als Mitglied dieser Kaste erwerben kann. Er wird sich deshalb bemühen, seine Lage zur seelischen Läuterung auszunützen. — Unter den Angehörigen unterer Kasten ist das Elend so unsäglich, daß sie sich von der Geburt bis zum Tode nie satt essen können und ihr Leben unter ständigem Hungerleiden vorübergeht. Es sind kümmerliche Schwächlinge, zum Erbarmen anzusehen und doch lehnen sie sich nicht gegen ihr Schicksal auf. Diese armen Menschen wollte Gandhi — und wollen seine Nachfolger — aus ihrem schrecklichen Schicksal herausheben.

Armut ist das Schicksal der Mehrzahl selbst gelehrter, gebildeter Inder, wenn auch nicht in solchem Grade. Auch ihre Auffassung spiegelt sich getreu in den Worten Christi: »Denn was nützt es dem Menschen, wenn er die ganze Welt gewinnt, aber dabei seine Seele verliert?« (Matth. 16/26). Wenn wir während der begrenzten Dauer unseres irdischen Lebens auch reich an weltlichen Gütern sind, so können wir doch nichts mitnehmen, wenn unsere Zeit einmal abgelaufen ist. Die seelischen Schätze aber, — die Ergebnisse einer seelischen Entwicklung, bleiben auch nach dem leiblichen Tode ewig unser. In Indien bemüht sich jeder einzelne Mensch, vom ärmsten und primitivsten bis in die höchsten Gesellschaftsklassen hinauf, um seelische Güter. Neben diesem wichtigsten Lebenszweck verschwindet die Frage, von was er hier auf Erden leben soll. Zwar bietet er alles auf, um gut zu leben, und hauptsächlich ist er bemüht, seine Kinder gut zu versorgen, doch wird seine Gedankenwelt nie durch das bloße Streben nach materiellen Gütern erfüllt. Gott wird geben, — und zwar gerade soviel, als wir benötigen, um ein Leben führen zu können, — das die geistige Entwicklung, als Wichtigstes, fördert. — Betrachten wir nun einen Inder, der allen Trost und alle Kraft aus der genauen Befolgung der religiösen Vorschriften schöpft, die er von seinem alten, gelehrten Priester erhalten hat. Ein Menschenleben hindurch wird sein Glaube durch nichts gestört und er stirbt in der Überzeugung, daß er im nächsten Leben eine höhere Stufe erlangen werde. Selbstverständlich sind alle Anstrengungen seines Lebens auf das eine Ziel gerichtet, diesen höheren Grad zu verdienen und zu erreichen. »Die höhere Stufe« schwebt wie eine Belohnung vor seinen Augen. In seinem zukünftigen Leben werden seine jetzigen Anstrengungen und sein fester Glaube vom Schicksal belohnt werden, er kommt der Befreiung näher. Was er im irdischen Leben erreicht, ist viel weniger wichtig. König oder Bettler? Dies ist nur insofern von Bedeutung, als es ihn zur WAHRHEIT, zur FREIHEIT, zu GOTT näherführt! — Ob arm oder reich, beide können sie das Ziel erreichen. Der Wert des Lebens wird nicht dadurch bestimmt, was uns zuteil wird, sondern wie wir die Arbeit vollbringen, die uns als Pflicht auferlegt worden ist. — Tue einen Schritt dem Schicksal zu, — und du wirst bemerken, daß auch dieses dir entgegenkommt. Bist du großmütig, so wird auch dein Schicksal großmütig zu dir sein. Bist du böse, wird auch dein Schicksal unerbittlich sein und du wirst leiden. Alles kommt auf uns zurück! Diese Wahrheit lehren alle heiligen Bücher sämtlicher Religionen, ohne Ausnahme, denn Karma ist ein Naturgesetz und wirkt unerbittlich. — »Alle, die zum Schwerte greifen, kommen durch das Schwert um«, lehrt Christus in der Bibel (Matth.

26/52). Dieses Gesetz erklärt uns auch, warum die Menschen nicht mit gleichen Voraussetzungen zur Welt kommen. Die aus dem vorigen Leben mitgebrachten Ergebnisse bedingen unsere gegenwärtige körperliche und seelische Stufe. – Äußerlichkeiten und die starren Regeln der Religionen sind zur geistigen Führung der Massen nötig, – sie befriedigen nicht jene, die die Kokosnüsse lieber verzehren, als sich zu begnügen, an ihrem Anblick sich zu ergötzen. Wie die Perle in der Tiefe der Muschel versteckt liegt, ist auch die Wahrheit im menschlichen Herzen verborgen. Man muß sie nur zu finden wissen. Denkende bemühen sich, ihr durch den Verstand näherzukommen. –

In den Straßen von Madras wickelt sich bei Tag ein großer Verkehr ab. Sobald aber gegen Abend der Lärm verebbt und die Menschen der Ruhe bedürftig sind, gehört es zu den üblichen Erscheinungen, daß kleine Konditoreien als solche geschlossen, und zum Zwecke andächtiger Veranstaltungen für einige Stunden umgestaltet werden. – Der Gehsteig vor dem Geschäft wird gefegt, Matten für die Teilnehmer ausgelegt, die Veranda wird mit Jasmin, Palmen, Bananenzweigen und frischen Gewinden geschmückt. In die Mitte stellt man das Bildnis eines großen, lebendigen Heiligen, dessen Anblick in den Herzen der Andächtigen Güte, Frieden, Liebe und Reinheit erstrahlen läßt. Um elf Uhr betritt, nach einem kurzen Gesang, ein Brahminenpriester das kleine Podium. Er trägt um den Hals einen gelben Blumenkranz, das Zeichen der Heiligkeit, und beginnt mit seinem frommen Unterricht. In der Regel liest er mit singendem Tonfall aus einem heiligen Buche vor, und die kleine Musikkapelle gibt mit Streich- und Schlaginstrumenten eine leise Begleitmusik dazu. An diesen Zusammenkünften beteiligen sich oft auch berühmte Männer von großem Wissen. Sie hören dieselben Worte, doch erschauen sie hinter den Geschichten schon die personifizierten Kräfte und entdecken die verborgene, tiefe Weisheit. So gelangen sie durch die heiligen Legenden dem klaren Wesen, das in die Erzählungen gehüllt und gekleidet ist, immer näher, bis sie den Grad erreichen, wo sie nicht mehr die Bilder der alltäglichen Ereignisse und Erlebnisse benötigen, die den Sinn überdecken, sondern wo sie dürsten nach dem enthüllten, nackten Wesen, — weil sie die Essenz, — die Wahrheit selber, — schauen und erleben wollen. Das irdische Dasein, mit seinen mannigfaltigen Freuden, seinem vielen Leid, ist nur eine Gelegenheit, um unsere Augen zum Erschauen des Wesens zu öffnen, das als tiefer Sinn hinter den Dingen und Ereignissen lebt. Dieses Dasein ist wie eine Geschichte, die deshalb niedergeschrieben worden ist, um aus ihr eine Lehre für uns ziehen zu können. Wozu aber die Geschichte für den reifen Menschen mit offenen Augen? Er wünscht die Lehre klar zu haben, denn es wäre schade, die Zeit für das Unwesentliche zu vergeuden. — Ein Mensch, der das Wesentliche erschaut und sich nur diesem widmen will, bedarf nicht mehr der Erfahrungen des täglichen Lebens. So kommt es vor, — in Indien eine alltägliche Sache, — daß ein Familienvater aufbricht, von seiner Familie Abschied nimmt, Wanderkleider anzieht und von nun an als Einsiedler lebt, oder als Schüler zu einem Yogi geht, um seinem höheren Ziele leben zu können. — Der Inder betrachtet das irdische Leben als eine Pflicht, die den Menschen so lange in Fesseln hält, bis er ihr getreulich nachgekommen ist. Wohl bietet das Leben auch Freuden und Genüsse, aber all die irdischen Annehmlichkeiten und auch der Ruhm sind vergänglich, — man soll ihnen keine allzu große Bedeutung beimessen. Der Inder fühlt sich im irdischen Leben als ein Sklave, — sein ÜBERSELBST ist ein Gefangener, wie der Vogel im Bauer. Diese

Welt ist ein Kerker, worin der Mensch zwar alles nach bestem Vermögen vollbringt, was die Erfordernisse des Lebens ihm auferlegen; hat er aber seine Aufgabe erfüllt, so glaubt er, die Freiheit nach der er zeit seines Lebens dürstete, verdient zu haben.

Wenn nun jemand der Ansicht ist, daß im Familienleben eines Menschen, der sich auf diese Weise von ihm befreit hat, keine Harmonie gewesen, und der Wunsch nach einem verinnerlichten Leben nur ein Vorwand sei, um von einem unglücklichen Familienleben frei zu werden, der beurteilt die Sache ganz falsch. Das Gegenteil trifft zu. Je mehr wir jemand persönlich lieben und je größer die Freude darüber ist, mit ihm zusammenzuleben, desto größer ist die Knechtschaft, — weil die Gefühle uns an das Irdische binden. — Nach dem Abstreifen des Körpers ziehen uns unsere Gefühle und Wünsche wieder auf die Erde, in die Endlichkeit zurück, — und wir können das Unendliche nicht erreichen. Der Inder aber schätzt die Freiheit, — die Freiheit der Seele, — über alles.

In Indien, wo die Grundnatur der Menschen allgemein die Geduld ist, sind die Ehen in ihrer überwiegenden Mehrheit harmonisch. Daß aber die meisten Ehen friedlich sind und zwischen den Ehehälften Harmonie besteht, hat seinen Grund nicht nur darin, daß die Inder friedlicher Art sind, sondern hauptsächlich darin, weil Eheschließungen nicht auf materielle Güter und Äußerlichkeiten gegründet werden, sondern auf das Übereinstimmen *innerer Seelenhaltung* der Ehepartner. Diese innere, seelische Konstellation zeigt sich schon im Horoskop eines jeden Neugeborenen, welches die, in uralte Überlieferungen eingeweihten, und wirklich weisen und erfahrenen Astrologen machen.

Die Eltern betrachten die Erziehung ihrer Kinder und die sichere Fundierung ihrer Zukunft als die heiligste Pflicht.

Das Kind wird als das größte Geschenk Gottes angesehen, das mit seiner Geburt für die Eltern das Leben offenbart. Es ist in den Augen des Inders eine Botschaft Gottes von seiner Liebe zu ihnen. Das kleine Leben will sorgfältig gelenkt werden, bis es fähig ist, auf eigenen Füßen zu stehen und den Sinn des Lebens zu erkennen. Zur Unterstützung dieser großen Verantwortung bietet das Sternbild eine Anleitung und ist ein Wegweiser für alle wichtigen Momente des Kinderlebens bis zur Eheschließung. Die Astrologie beruht in Indien auf mehrtausendjähriger Überlieferung. Diese Wissenschaft geht vom Vater auf den Sohn über und ist so hoch entwickelt, daß sie für die Erziehung und die Berufswahl, wie auch für die Eheschließung eine sichere Basis bedeutet. Die Ehegefährten werden auf Grund innerer Gesetzmäßigkeiten füreinander ausgewählt und deshalb besteht eine staunenswerte Harmonie zwischen ihnen, trotzdem sie sich in der Regel erst nach der Eheschließung kennenlernen. — In beiden Vermählten lebt der felsenfeste Glaube, daß der Partner der ihm von Gott bestimmte Lebensgefährte sei und beide werden bemüht sein, Gott für die Freuden des Ehelebens zu danken, — während die Schwierigkeiten und Heimsuchungen gemeinsam getragen werden und jeder das Seinige sich zu tun bemüht, um die Bürde zu erleichtern. Von Kindheit an sind beide Gefährten in der Überzeugung aufgewachsen, daß treue Pflichterfüllung Befreiung bringt. Dieser Glaube gibt ihnen Kraft, auch die schwersten Proben ohne Murren und mit Frieden im Herzen zu bestehen. »Schule«, — denkt der Inder und ist bemüht, alles Mögliche zu unternehmen, um einer höheren Stufe würdig zu werden. —

Der beste Freund meines Vaters war ein allgemein bekannter, angesehener Richter in Südindien. Er war durch seine Großmut und seine Wahrheitsliebe weithin bekannt.

Überdies war er Gründer und Leiter zahlreicher Wohlfahrtsinstitutionen. Mit seiner Familie lebte er in Glück und Frieden, zugleich aber auch sehr einfach und bescheiden, obwohl er ein ansehnliches Einkommen hatte und sehr reich war. Die Pforte seines großen Hauses stand stets für die Armen offen und er wurde wegen seiner Herzensgüte viel gelobt und gesegnet. Er war ein häufiger Gast meines Vaters, der nicht nur sein Freund, sondern zugleich auch sein Hausarzt war. Als sein erfolgreiches Leben seinen Höhepunkt erreichte, gab er das Richteramt auf, hinterließ seiner Familie einen Riesenbetrag und begab sich ohne jedes Geld, mit leeren Händen, zu Fuß auf die Wanderschaft, um den inneren Weg der Seele zu beschreiten. Die westlichen Kleider von englischem Schnitt legte er ab, um sie mit den Lappen der Wanderer zu vertauschen. Von meinem Vater nahm er mit folgenden Worten Abschied: »Gott segne dich, mein Freund, ich habe meine Pflicht hier auf Erden als ein ehrliches Mitglied der menschlichen Gesellschaft erfüllt. Jetzt gehe ich, um das Brot des LEBENS zu suchen.« — Dem Blendwerk der irdischen und leiblichen Freuden kehrte er vollständig den Rücken, verabschiedete sich von seiner heißgeliebten Familie und beschritt den inneren Pfad der Seele, um die Wahrheit zu finden. Die Illusionen der Welt befriedigten ihn nicht, denn all dies ist vergänglich und sterblich. Er sehnte sich nach dem Unendlichen, dem Unsterblichen und Ewigen. — Den Samen, den er von GOTT erhalten hatte, säte er in den Boden, die Ernte brachte er ein für jene, die er liebte, — dann aber trat er durch die Pforte der Freiheit. —

Solches erweckt in Indien keine Überraschung. Die allein gelassene Familie fühlt sich nicht verlassen, sie weint dem dahingegangenen, heißgeliebten Familienvater nicht nach, weiß sie doch, daß nur die irdische Hülle sich entfernt hat.

Sein Geist bleibt in unlöslicher Einheit mit jenen, die er geliebt hat.
Es soll jedoch niemand glauben, daß diese seelische Einstellung den Inder gefühllos oder gleichgültig macht. Im Gegenteil. — Aber den Inder knüpfen seine Gefühle nicht an Äußerlichkeiten, nicht an den vergänglichen Körper, sondern an den körperbelebenden Geist. Er weiß, daß die irdische Liebe nichts anderes ist, als eine Sehnsucht nach Vollendung der geistigen Einheit, nach der Vereinigung mit dem göttlichen SELBST! —
In der indischen Legende belehrt Yadschnawalkya seine Frau Maitreyi:

»Es ist nicht um des Gatten willen, daß das Weib den Gatten liebt, sondern es ist um Atmans willen, daß es den Gatten liebt, weil es das Selbst liebt. — Keiner liebt das Weib um des Weibes willen, sondern weil er das Selbst liebt, liebt er das Weib. — Keiner liebt die Kinder um der Kinder willen, sondern weil man das Selbst liebt, deshalb liebt man die Kinder. — Keiner liebt Reichtum wegen des Reichtums, sondern weil man das Selbst liebt, deshalb liebt man Reichtum. — Keiner liebt Brahmana um des Brahmana willen, sondern weil man das Selbst liebt, liebt man Brahmana. — So liebt auch keiner Kschatria um Kschatria willen, sondern weil man das Selbst liebt. — So liebt auch niemand die Welt der Welt wegen, sondern weil man das Selbst liebt. — So liebt niemand die Götter wegen der Götter, sondern weil man das Selbst liebt. — Keiner liebt ein Ding um dieses Dinges willen, sondern man liebt es um des Selbstes willen. — Darum muß dieses Selbst gehört werden, bedacht werden, meditiert werden. — Oh, meine Maitreyi, wenn dieses Selbst gehört worden ist, wenn dieses Selbst geschaut worden ist, wenn dieses SELBST *verwirklicht* worden ist, dann weißt du alles das.« —

Zur Erlangung dieses Zieles ist der Körper eher ein Hindernis als ein Werkzeug. Die Loslösung, — auch der Tod, — trennt nicht, denn Menschen, die schon auf Erden durch seelische Einheit miteinander verknüpft waren, werden durch das leibliche Fernsein, oder durch das Abstreifen ihres Körpers, nicht beeinflußt, die seelischen Bande sind über Raum und Zeit erhaben. — Mit den Augen des Westens gesehen, könnte man glauben, der Inder hege für seine Angehörigen nicht so warme Gefühle wie etwa der Europäer, weil er einen Verlust nicht so verzweifelt beweint, wie ich dies in Europa gesehen habe. Der Inder würde seine Lieben ebenfalls beweinen, — wenn er sie verlieren würde, — *er hat aber nicht die Empfindung, daß er sie verliert!* In seinem Innern bleibt die Verbindung bestehen und er fühlt sich eins mit dem, den er geliebt hat. Es gibt keinen Grund, ihn zu beweinen. — Die Bedeutung von Tod, Entfernung und Zeit ist in Indien sehr gering. — Versuchen wir nun, den Schritten eines solchen Wanderers zu folgen und zu sehen, wie er geht, die WAHRHEIT zu suchen. — Den Wanderstab in der Hand, Sandalen an den Füßen, mit einem Lendentuch umgürtet, so macht er sich auf den Weg . . . fest entschlossen, — und zu jeder Entbehrung bereit. Hinausgegangen aus dem sicheren Grund des gewohnten Lebens, das ihn wie ein Schutzwall umringt hatte, wagt er sich mutig hinein in die große Leere, in das große Nichts, das vor ihm steht, damit er die Macht von Zeit und Raum besiege. Es ist sein Ziel, selbstbewußt die Welt des Körpers zu überwinden und die Kräfte, die das Weltall beherrschen, für sich zu gewinnen. Er wandert von Dorf zu Dorf und hält an den Treppen der Tempel, unter ähnlich Suchenden Rast. Er lernt von den Tempelpriestern, lernt von den geistigen Führern und sammelt Erfahrungen. — Der Wanderer höherer Intelligenz studiert in seiner Abgeschiedenheit die uralten heiligen Bücher Indiens, die Veden, die Upanischaden und die Sutras. In der Einsamkeit des Waldes trifft er Einsiedler, oder, wie man sie in Indien nennt, Sadhus und Sanyasins, die ebenfalls die irdischen Freuden, Herrlichkeit und Ruhm für das Ewige verlassen haben. Er lernt von diesen Weisen und wird mit den Mysterien der Stille und der Einsamkeit vertraut. Immer tiefer und tiefer dringt er in die unberührte Natur ein. Er wandert in die Berge Südindiens, zum wundervollen Nilagari, — Blauer Berg, — und Kodaykanal, — Schirmberg, — kaum einige hundert Meilen von Madras entfernt, mit Urwald bedeckt und voll von wilden Tieren. — Wohlhabende Leute flüchten vor der großen Hitze der trockenen Jahreszeit in die hügelige Landschaft dieses Gebirges, weil das Klima hier viel angenehmer ist, als in der tropischen Hitze der Ebene. Ganz oben im Hochland aber, wo man keinem Menschen mehr begegnet, da wandert der Pilger, um seinen Meister zu finden. Er hat seine Familie verlassen, nachdem vielleicht eine telepathische Botschaft von einem großen Meister, einem — Yogi, an ihn ergangen ist, die Zeit habe sich erfüllt, er könne nun kommen, um zu lernen und zu finden, wonach sich seine Seele sehne. Eine solche telepathische Botschaft ist nicht ein Werk der Einbildung, sondern eine auf Naturgesetzen beruhende Tatsache, wie die drahtlose Telegrafie oder das Radio. Auch die Wellenlängen der Gedanken haben ihre Sende- und Empfangsstationen auf der ganzen Welt, — und wenn wir in der Selbstversenkung die Wellenlänge der ausgestrahlten Gedanken eines großen Meisters erreichen, so kommen wir mit ihm in Verbindung. Menschen von hoher Geistigkeit, — geistige Führer, Sadhus, Sanyasins, Yogis, Gurus, Rishis und Maharishis übermitteln, senden und strahlen reine Gedanken, die durch ihre hohe Schwingung außerordentlich stark und durchdringend sind. Aus ihrer Einsiedelei in den Bergen strahlen sie den Ruf aus an jene, die reif geworden sind für den Sinn des Lebens. — Der Freund meines

Vaters erkannte ebenfalls die rufende innere Stimme und leistete der Aufforderung Folge. Sein Meister empfing ihn liebevoll, mit offenen Armen, wie ein neues Familienmitglied und bald begann die Einweihung.

Eine solche Ansiedelung, wo im Kreise des Meisters mehrere Schüler leben, wird Ashram genannt. Das Leben hier ist so einfach wie nur möglich. Zur Versorgung dienen die Geschenke der aus Städten und Dörfern pilgernden Leute, die dem heiligen Mann Obst, Reis, Kokosnüsse und Milch spenden. Überdies wissen die Einsiedler auch in den Schätzen des Waldes Bescheid, da gibt es Pflanzen, Wurzeln, Pilze und wilden Honig genug. Weltliche Bequemlichkeit ist hier unbekannt, — die Einsiedler sind nie krank und haben keine Sehnsucht nach den Annehmlichkeiten der Zivilisation, die sie verlassen haben. Es klingt zwar sonderbar, entspricht aber der Wahrheit, daß die *größte Kultur* und seelische Zivilisation jene ist, in der sie leben. Für diese Menschen würde die Rückkehr zur alltäglichen Lebensweise in die irdische Welt einen großen Rückschritt bedeuten.

Die ganze Umgebung ist feierlich und geheiligt. Die hypnotische Ausstrahlung hoher Geistigkeit dieser Menschen hält Eindringlinge, — und solche, die erbarmungslos die Vertilgung der Tiere des Waldes vorhaben, — auf mehrere Kilometer fern. Mit einem ungemein hochentwickelten Empfinden gesegnet, fühlen diese Yogis schon meilenweit, wenn sich jemand ihrer Wohnstätte nähert. Dieser Ur-Instinkt wird durch regelmäßiges Üben so hoch entwickelt. Bei den Tieren ist dies eine Selbstverständlichkeit. Der Affe fühlt aus unglaublicher Entfernung das Herannahen einer Schlange, oder das lechzende Tier wird auf mehrere Meilen das Wasser wahrnehmen und über Stock und Stein darauf zurennen, um seinen Durst zu stillen. Die Yogis fühlen auch, wenn jemand herannaht, und sie fühlen auch, ob der betreffende Besuch erwünscht ist oder nicht. Wenn er unerwünscht ist, senden sie eine hypnotische Kraft aus, als deren Folge der Herannahende den Weg zum Ashram nicht sieht oder die Vorstellung hat, dort stünde ein hoher Felsblock, und es wird ihm gar nicht einfallen, diese Richtung einzuschlagen. Er hat keine Ahnung davon, daß der Fels eine *in seinem Inneren entstandene Verblendung* und keine Wirklichkeit ist. — Der Ashram aber bewahrt auf diese Weise seinen Frieden und seine reine Atmosphäre. —

Mensch und Tier leben hier in vollständiger Harmonie und die Gesetze des Dschungels werden von jedem streng eingehalten. Der neue Schüler muß zunächst die Sprache der Tiere erlernen. Er muß sich die Sprache der Schlangen, Tiger, Leoparden, Geparden und anderer Tiere aneignen, ferner die Zaubersprüche — Mantrams — und die Lenkung magischer Kräfte, die auch das wildeste Tier zahm und folgsam machen, damit er in seiner Unwissenheit nicht überfallen und zerfleischt wird. — Jeder Fußbreit Boden, jeder Grashalm und alle die Pflanzen, — die ganze Mutter Natur, — leben in der Seele dieser friedlich gesinnten Menschen. Sie fühlen sich eins mit dem ganzen Weltall! —

Beobachten wir einmal die sonderbare Heuschreckenart »Gottesanbeterin« — Mantis religiosa —, wie sie reglos, vollkommen still und ruhig verharrt, so den Eindruck eines grünen Grashalms oder Unkrauts erweckend. Die gefalteten Vorderfüße machen den Eindruck, als würde sie beten — daher ihr Name — und so verharrt das Insekt Stunden hindurch an derselben Stelle. Dabei lauert es äußerst wach und beobachtet, wie das als Beute gewählte Opfer sich nähert. — Genau so ist es eine der ersten Aufgaben des neuen Schülers, daß er vom Guru die Ruhe und Stille, das heilige Schweigen erlerne. Die Natur bietet ihm das Vorbild. Mit derselben regungslosen Wachsamkeit, mit der die »Gottesanbeterin« ihrer Beute auflauert, ebenso regungslos, — aber auch ebenso wachsam, — muß der neue Schüler dasitzen und auf seine Beute achten: auf sich selbst! — Nur die vollendete Ruhe kann zur vollkommenen Konzentration führen. Daher ist die erste Aufgabe: vollendete Selbstbeherrschung. —

Versetzen wir uns in die Lage eines neu Angekommenen, der den Betrieb des zivilisierten Lebens, dessen Hetzjagd und seinen Familienkreis soeben verlassen hat. Nimmt er nun den Sitz ein, um sich auf die Ruhe zu konzentrieren, drängen sich ihm tausend und tausend Eindrücke und Erinnerungen des soeben verlassenen Lebens auf und lassen ihm keine Ruhe. Mit der Erweiterung des Selbstbewußtseins wird sich dieser Zustand nicht nur nicht mildern, sondern im Gegenteil noch verschärfen, denn *je mehr sich das Bewußtsein weitet, um so gegenwärtiger wird in ihm die unbewußte Welt, — und alle Eindrücke seit der Geburt, auch jene, die er längst vergessen und begraben hat, werden wieder lebendig und bestürmen ihn mit solcher Kraft, als müßte er in Wirklichkeit alles wieder erleben.* Dies ist eine schwere Zeitperiode — muß er doch mit allen Erinnerungen abrechnen, alle Eindrücke verdauen und verarbeiten, um das vergangene Leben nicht mehr als die Kette *persönlicher Erlebnisse* zu fühlen, — sondern alle Ereignisse, seien sie gute oder böse, in sich zur ERFAHRUNG abklären und kristallisieren. Die Wendungen seines Lebens muß er, so oft er zurückblickt, nur als Gelegenheit betrachten, Lehren daraus zu ziehen. Er muß die Ursachen und Kräfte erkennen, die hinter den einzelnen Erlebnissen und äußeren Eindrücken tätig waren und die ihn immer näher zum Ziele führten. Diese Ursachen und Kräfte haben sein Unterscheidungsvermögen entwickelt und die Sehnsucht in ihm mehr und mehr erweckt, von der Knechtschaft und

Endlichkeit loszukommen und die Befreiung im Ewigen, in GOTT zu erreichen.
Wenn er in dieser Periode der Verarbeitung so weit gekommen ist, daß er *jede Erinnerung nur noch als Gelegenheit zur Erlangung von Erfahrungen betrachtet,* — so, als wäre dies mit einem Anderen geschehen, — dann binden ihn diese Erinnerungen nicht mehr, weil ihre persönliche Beziehung aufgehört hat. Die Erinnerungen haben sich von seinem Bewußtsein gelöst, er hat sie aufgearbeitet, *umgewandelt,* — sie stören ihn nicht mehr. — Der Yogi-Jünger muß eine sehr wichtige Sache sorgfältig lernen: er muß den Unterschied machen können zwischen *Verdrängung* und *Umwandlung* von Gefühlen, Wünschen, Leidenschaften oder einer Erinnerung. Solange wir etwas vergessen wollen, solange wird es stets in uns arbeiten, ob wir wollen oder nicht. Es wird uns ständig beeinflussen, ohne daß wir uns dessen bewußt sind. Es wird unsere Schritte und Handlungen lenken, kann Krankheiten verursachen und uns auf unzählige Arten quälen. Unterdrükken wir es aber nicht, sondern graben es im Gegenteil hinter dem Bewußtsein hervor, schauen ihm ins Auge, verdauen es, verarbeiten es, — das heißt: *wandeln es um,* — dann hat es keine Macht mehr über uns. Wir werden die Oberhand gewinnen und die uns bisher quälende Kraft nun »unter den Sattel« zwingen, sie wie ein Pferd auf den richtigen Weg lenken und zu Gutem verwenden. Denn: *es gibt keine schlechten Kräfte, nur schlecht verwendete Kräfte!*
So erwirbt sich der Yogi-Schüler die innere Ruhe. Er kommt durch die majestätische, heilige Ruhe der ihn umgebenden Natur ins vollkommene Gleichgewicht. Er beginnt die Sprache der Berge, des Baches, der Bäume, Blumen, Käfer und anderer Tiere zu verstehen, und er wird diese Sprache

nicht nur *verstehen*, sondern beginnt sie auch zu *sprechen*. Nach und nach wird er den Gefährten ähnlich werden, — jenen Gefährten, die schon im inneren Frieden leben, — seine müde, sturmgepeitschte Seele findet den Frieden, er wird erquickt, erfrischt und mit neuen Kräften erfüllt. Nun kann die Konzentration auf die Kraftzentren — auf sanskrit Tschakras genannt, — und ihre stufenweise Eroberung mit Hilfe des *Bewußtseins*, und darum durch den bewußten *Willen* beginnen. Die im seelischen *Leib* des Menschen innewohnenden verborgenen Kraftzentren sind die Tschakras, deren Sitz sich im *Körper* in den Nervenzentren befindet*. Solange ein Tschakra nicht im aktiven Zustand ist, solange ist auch das, ihm entsprechende Nervenzentrum außer Gebrauch. In dem Grade, wie wir ein Tschakra unter die Macht unseres Bewußtseins bringen, in solchem Maße aktiviert es auch stufenweise das mit ihm verbundene Nervenzentrum und beginnt mit ihm zu arbeiten. Denken wir an einen vorzüglichen Kraftwagen, der bereitsteht, von einem fachkundigen Lenker in Bewegung gebracht zu werden. Solange der Lenker nicht darin sitzt, bleibt der Wagen, obwohl alle Eignungen zur Funktion vorhanden sind, doch bewegungslos Der Lenker schläft, er muß erweckt werden, um im Wagen Platz zu nehmen und seine Arbeit zu machen. Der Lenker ist das Tschakra, das seelische Zentrum, der Kraftwagen ist sein Sitz im Körper, das Nervenzentrum. — Im heutigen Entwicklungsgrade der Menschheit befinden sich die meisten Tschakras, insbesondere jene, die magische Kräfte in Bewegung bringen, noch im latenten, schlummernden Zustand. So sind denn die mit ihnen verbundenen Nerven-

---

* siehe ausführlicher: Yesudian, »Sport und Yoga«.

zentren auch außer Gebrauch. — Zum Teil kennen die jüngsten Entdeckungen der ärztlichen Wissenschaft im Westen diese zur Funktion bereiten, aber außer Gebrauch stehenden Nervenzentren. Sie wissen aber noch nicht, wozu sie dienen und wie sie aktiviert werden können. — Der Yogi-Schüler erweckt diese Tschakras mit speziellen Übungen und lernt sie seinem Willen unterzuordnen. Auf diese Weise kommen die mit ihnen verbundenen Nervenzentren nach und nach in Funktion. In dem Grade, wie der Schüler Fortschritte macht, im selben Grade öffnet sich sein inneres Sehen, sein inneres Hören, und die im Schlummerzustand befindlichen Fähigkeiten beginnen sich zu entwikkeln. Doch dies alles sind nur Begleitumstände, aber nicht das Ziel selbst. Das Wesentliche ist *die Entwicklung und Erweiterung des Bewußtseins.* — Der Schüler lernt, Herr zu werden über alle seine Gedanken, seine Gefühle, über jede Bewegung, — nachdem er ihren Ursprung kennengelernt und sie mit seinem Willen schon von der Wurzel an beherrscht. Er lernt die Kräfte kennen, die seinen Körper beleben, und so wie er ihrer Herr wird, so wird er auch die Natur beherrschen können. Dieselben Kräfte arbeiten im Menschen wie in der Natur, und wer diese in sich selbst meistern kann, wer den Schlüssel dazu gefunden hat, der wird mit ihnen auch draußen in der Natur umzugehen wissen. Dies sind eben schöpferische Kräfte, — und sie stammen aus GOTT. Genau so, wie das menschliche Bewußtsein GOTT näher kommt, genau so wird der Mensch zum Herrn des schöpferischen Prinzips. Dieser Grad ist für jeden Menschen erreichbar, doch wird er den meisten als unerreichbar erscheinen, weil der Mensch die schöpferischen Kräfte, die sich durch ihn offenbaren, zunächst maßlos vergeudet. Es gibt Beispiele genug um uns herum und in allen Teilen der Welt, wie Menschen mit magischen Fähigkeiten imstande sind, Menschenmassen, große Länder, ja sogar ganze Weltteile unter ihre Macht zu bringen. Dabei haben sie aber die Art und Weise, wie man magische Kräfte gebraucht, in der Regel gar nicht systematisch und gründlich erlernt wie die Yogis, sondern sie machen dies mit einer ihnen angeborenen Anlage, oft ganz unbewußt. Die Nervenheilkunde des Westens benützt einen Teil dieser magischen Kräfte unter dem Namen Hypnose. Aber die *Quelle* der hypnotischen Kräfte kennt sie nicht, auch kaum ihre Gesetze, — sie gebraucht das Nervenzentrum, welches der Akkumulator dieser Kraft ist, meistens nicht bewußt, sondern unbewußt. Im Westen kam man durch Zufall zur Kenntnis der Hypnose, — und nicht durch bewußtes und systematisches Training wie die indischen und tibetanischen Yogis, die von ihrem Meister von Stufe zu Stufe in die Wissenschaft dieser Kräfte eingeweiht werden. Auch darin unterscheiden sich die Yogis, daß sie *nie nach weltlicher Macht streben*, — wissen sie doch, daß das Glück die WAHRHEIT ist, — diese aber ist *nicht von dieser Welt.*—

Der Yogi ist aber deshalb nicht entsagend! Wer glaubt, daß nur derjenige ein Yogi werden kann, der allem entsagt, befindet sich im Irrtum, im Gegenteil! — Der Yogi will sogar viel mehr, als die weltlichen Menschen, — er will ALLES: das LEBEN selbst, die UNSTERBLICHKEIT, das unvergängliche, vollkommene GLÜCK! — Weltliche Macht, Sinnesfreuden, irdische Wollust, — all dies ist vergänglich, Fata Morgana, ein Traum, aus dem wir früher oder später erwachen. Die nach dem Unendlichen, nach dem Unsterblichen, strebende Seele kann nur von dem EWIGEN befriedigt werden. —

Yoga ist zu allen Zeiten und überall dasselbe, aber diejenigen, die danach leben und das Ziel schon erreicht haben, können heute in größerer Zahl nur mehr in Indien, Tibet und China gefunden werden. Allerdings leben in allen Teilen der Welt Yogis, aber nur vereinzelt, während in allen Teilen Indiens heilige Männer anzutreffen sind, sowohl im dicht bevölkerten Benares, als auch in den menschenleeren Wäldern von Tschithury, in Arunatschala, in Thyruwannamalay, in Thandschor, in Trytschinapoly, oder in den Riesengebieten des schwer zugänglichen Himalayas. –

So wie der schon erwähnte Freund meines Vaters, so waren, sind und werden immer neue suchende Menschen sein, sei es nun in Indien oder sonstwo in der großen Welt, die nach dem Vernehmen einer inneren Stimme aufbrechen und als Sucher der Wahrheit der rufenden Stimme folgen. Nach langer, schwerer Arbeit werden auch sie selbst zu Yogis und stellen sich nach Beendigung ihres eigenen seelischen Weges in den Dienst der Gemeinschaft, diejenigen belehrend und lenkend, die ihnen folgen.

Es gab und wird stets solche geben, die nicht aus einem seelischen Bedürfnis heraus zu einem großen Meister gehen, sondern um die Kenntnis der okkulten Kräfte zu erwerben und zurückzukehren unter die Menschen, um sich mit ihrem Wissen Vermögen und Macht zu erringen. Diesen ergeht es dann aber so, daß sie bei ihrer Einweihung seelische Freuden kennenlernen, die ein solches Glück vermitteln, das unvergleichlich größer ist, als die durch Geld und weltliche Macht erreichbaren Freuden, – und es wird ihnen darum nicht mehr in den Sinn kommen, unter die Menschen zurückzukehren, um die Macht der magischen Kräfte zur Erlangung von Geld und weltlichen Freuden zu mißbrauchen. Wer sich im Besitz des größten und des allein wahren, unvergänglichen Glückes befindet, – *wer selbst das Glück geworden ist,* – wozu für diesen das vergängliche Blendwerk?

Rama Krischna, der große indische Heilige, erzählt uns:

»Eine Salzpuppe wollte die Tiefe des Ozeans messen. Sie wollte auch anderen sagen, wie tief der Ozean sei. Aber sie konnte es nie tun, da sie im Moment, als sie ins Wasser ging, zerschmolz. Nun, was ist von ihr geblieben, was in die Welt hätte zurückkommen können, um über die Tiefe des Ozeans Bericht zu geben?« —

So wurde auch Milarepa zum größten Heiligen des Morgenlandes, obwohl er doch zuerst nur deshalb zum Meister ging, um mit Hilfe der Magie an seinem Feinde schreckliche Rache zu nehmen. Das Ergebnis war, daß er auf dem mystischen Wege vorwärts schreitend, mit einem vollen Verständnis für die Menschen und dann mit universeller Liebe für sie erfüllt wurde, das Persönliche vollkommen abstreifte, — und seine weit und breit berühmte magische Kraft nur zum Guten, nur zum Beistand für die Leidenden verwendete. —

Oben im Himalaya und auf anderen, mit Urwald bedeckten Bergketten, unerreichbar und gigantisch, wo gewöhnliche Sterbliche nur selten den Fuß hinsetzen, ist der bestgeeignete Ort für eine Schule, die den kürzesten Weg zu Gott lenkt. Für einen Durchschnittsmenschen sind diese unerreichbaren Höhen keine richtigen Orte zum Verweilen. Schnee und Eis sind ewige Wächter dieser stillen Stätten; dazu gesellt sich die ausstrahlende Kraft der Yogis gegen unerwünschte Eindringlinge. Jene aber, die sich selbst besiegt haben, finden dort ihr richtiges Heim, wo sie, nach den Regeln des Yoga lebend, die innere Versenkung mit Ausdauer und Geduld üben, bis der große Tag anbricht: — wo die Grenzen des menschlichen Bewußtseins fallen, wo die Seligkeit des Sichversenkens in die Ewigkeit — der Samadhi-Seinszustand — erreicht ist. Aus Sterblichen sind Unsterbliche geworden, der Welt dienend im heiligen Namen der LIEBE, der WEISHEIT und der WAHRHEIT. —

Es bedarf einer jahrelangen Arbeit, bis dieser Zustand erreicht wird. Oft ist ein Menschenleben zu kurz dazu, um das kleine menschliche Bewußtsein in die Ebene der Unsterblichkeit zu erheben, aber die Zeit ist in den Augen von Menschen höherer Ordnung kein Faktor, wissen sie doch, *daß auf dem Pfade des Yoga kein einziger Schritt umsonst getan ist,* und was sie in diesem Leben nicht erreichen können, das erreichen sie im nächsten, sofern bis dahin alles getan wird, um die göttliche Gnade zu verdienen. —

Um das Endziel zu erreichen, um das göttliche Selbstbewußtsein zu erlangen und den Samadhi-Zustand zu erleben, muß jeder Mensch den Weg einzeln und für sich allein beschreiten, jeden Schritt aus eigener Kraft, auf dem engen und steilen Pfad erkämpfen. — Der östliche Mensch wird durch die besondere Eignung seiner Seelenstruktur auf diesen Weg gewiesen. Die ihm angeborene Verschlossenheit, das Einzelgängertum, das Insichgekehrtsein und die Fähigkeit zur Konzentration, prädestinieren ihn, — nach gründlicher Selbsterziehung, — in die Geheimnisse seines SELBST einzudringen und die bewußte und unbewußte Welt zu erobern. Durch die Vereinigung mit dem universellen, göttlichen SELBST erlebt er die Einheit mit der ganzen lebenden Welt, — erlebt er die universelle Liebe, — und von da wird er sein Leben: dem DIENEN weihen. — Dies ist aber kein Pfad mehr, sondern ein OPFER. — Den Weg geht er allein zu Ende und erst dann, wenn er am Ende des Pfades angelangt ist, versenkt er sich in die Gemeinschaft. —

DER WEG DES MORGENLANDES IST DER INDIVIDUELLE WEG!

DRITTES KAPITEL

Weg des Westens

»Du sollst deinen Nächsten lieben
wie dich selbst.« (Matth. 5/43)

Der Weg des westlichen Menschen ist das Erleben und die Verwirklichung der Nächstenliebe. — Der Weg des Westens ist der Kollektivismus.

*

». . ., denn: »Wo zwei oder drei versammelt sind in meinem Namen, da bin ICH mitten unter ihnen« (Matth. 18/20). Mit diesen Worten schloß Mr. Oakley, ein hervorragender Engländer, seine Rede, die er in einer Sonntagsgemeinde gehalten hatte. Nun verstand ich zum erstenmal den überwältigenden Gedanken der christlichen Gemeinschaft, der christlichen Einheit.

Diese Abende waren für viele ein Segen, und viele der Zuhörer lauschten den Worten mit Rührung und Ergriffenheit. Sie folgten der Rede nicht mit kritischem Sinn, ihre Gegenargumente verstummten, lernten sie doch den Geist Christi kennen. Eine solch gewaltige Kraft wohnt den göttlichen Worten inne, aus denen die Nächstenliebe strömt!

Als ich an jenem Abend heimwärts ging, brannten die oben erwähnten Bibelworte in mir. Ich saß über meine

Vergangenheit zu Gericht, und mein Herz wurde von Liebe und Dankbarkeit für die tief religiöse Erziehung erfüllt, welche die heißgeliebten Eltern uns Kindern zuteil werden ließen. — Auch der Präsident unseres Pfadfindervereins, der schon genannte Mr. Oakley, war tief gläubig, und seine Worte, die ich vor einigen Tagen in einer Versammlung gehört hatte, widerhallten in der Tiefe meines Herzens: »Jünglinge, weiht euch ganz der universellen Liebe und folget Christus. Laßt es euch nicht verdrießen, Seinen Namen auf eure Lippen zu nehmen, ist Er doch für die Liebe gestorben. Der einzige Ausdruck unseres Dankes kann sein, wenn wir unser Herz Ihm schenken. Glaubet an Ihn, denn Er ist die Liebe selbst; wirket für Ihn in Seinem Namen.«
Die auf die Nächstenliebe gegründete Einheit in der christlichen Lehre entzündete Licht in der Seele sehr vieler Inder. Auch Gandhi trug ständig eine Bibel bei sich, und bei jeder Gelegenheit zitierte und lehrte er aus dieser. Ich erschaute an jenem denkwürdigen Abend mit meinen geistigen Augen den Weg des Westens in seiner Wahrheit und Reinheit! Damals beschlossen viele junge Inder, ihr Leben der universellen Liebe zu weihen. Der wunderschöne Hymnus wurde zu ihrem Glaubensbekenntnis:

»Strotzende Jugend, Kraft, Freiheit sind mein,
Doch die Sehnsucht des Herzens weist nach höherem Sein!
Redlichkeit, Wahrheit, Herr über dem Leben,
Gott, zu Dir führt mein Weg, mein inneres Streben!«

Das Jahr 1937 brachte eine große Veränderung für mich. Ich verließ meine Heimat, um nach Europa zu kommen und mit der westlichen Körperkultur und -Erziehung bekannt zu werden. Als ich auf dem Deck des Schiffes stand und die stürmischen Wogen des arabischen Meeres beob-

achtete, überschaute ich mein Schicksal. Mit hochklopfendem Herzen dachte ich daran, daß ich mich nun der wahren Heimat des Christentums näherte, wo ich mitten unter Millionen leben würde, die mit echter Nächstenliebe füreinander erfüllt seien. Christliche Welt! — Welch erhebendes Gefühl wird es sein, unter Menschen zu weilen, die in einem jahrtausendalten Christentum erzogen worden sind, die Christus als ihren Führer anerkennen. Wie schön wird es sein, in eine Welt zu kommen, wo jeder im Geiste Christi lebt und wo alle in brüderlicher Liebe zu einer großen Familie verschmolzen sind. — Ob wohl alle Europäer Christen sind? Wenn Europa imstande war, Indien einen Christus zu geben, in welcher Flut des Glaubenssegens mußte wohl diese Welt leben . . . So träumte ich voll glückseliger Hoffnungen, — und das Schiff brachte mich immer näher nach Europa . . .
In jenem Jahre fand in Paris eine große Weltausstellung statt. Auf dem Wege nach London bekam ich in dieser Stadt den ersten Eindruck von Europa. — Wie groß ist der Allmächtige, dachte ich, wenn er sich sogar durch den zwerghaften Menschen so großartig offenbaren kann. Der Eiffelturm und die Ausstellung mit ihren Pavillons, Springbrunnen und mannigfaltigen Wundern waren alles Meisterstücke der Kunst und der Technik. Von Paris fuhr ich nach London und von dort zurück nach dem Kontinent; dann kam ich, nachdem ich die Großstädte verschiedener Länder bereist hatte, nach Budapest, und nach zwölfjährigem Aufenthalt in Ungarn gelangte ich in die Schweiz. Überall, wohin ich auch kam, schloß ich mit den verschiedensten Menschen Bekanntschaft und Freundschaft. Ich hatte Gelegenheit, über alles Wesentliche zu sprechen, — und lernte auch das Christentum der Europäer gründlich kennen . . .
Zu meiner größten Freude fand ich *auch* solche, die *den-*

selben Christus kannten, wie ich ihn kennen lernte in 12 000 Kilometern Entfernung. Ich traf Menschen, die den Kern der christlichen Lehre wirklich kennen und ihn in ihrem Leben *in die Tat umsetzen*. Ich muß aber gestehen, was sich übrigens jeder europäische Leser schon überlegt haben dürfte, — daß ich jenes Christentum, das ich mir von Europa, der Heimstätte der christlichen Liebe, ausgemalt hatte, im allgemeinen nicht vorfand. So sehr mir Europa sonst in vielen Beziehungen gefiel, der Eindruck, den ich über sein Glaubensleben gewann, brachte mir eine Enttäuschung. Diese Enttäuschung veranlaßte mich, der Glaubens- und Religionsvergangenheit des Abendlandes ein eingehendes Studium zu widmen. Nach diesem Studium verstand ich dann, daß seine heutige Lage der Ausfluß einer natürlichen Entwicklung der Dinge ist, und daß dieser natürliche Prozeß Europa auf jene große seelische Erneuerung vorbereitete, an deren Schwelle es heute steht.

Dem nach Europa kommenden Fremden fällt es auf, wie viele »Suchende« es hier gibt, ohne Ansehen des Alters, des Geschlechtes und der Gesellschaftsklasse. Die menschliche Seele dürstet nach dem Wasser des Lebens, sie weiß aber nicht, wo und in was dieses zu finden ist, — und sie weiß in den meisten Fällen überhaupt nicht, daß sie nach dem Wasser des Lebens dürstet. Sie ist nur unruhig, sucht nach etwas und weiß selber nicht, nach was, — nach irgend einem Inhalt, — irgendeinem Sinn des Lebens! — Die Heimsuchungen der heutigen Zeit geben dem Menschen zu denken; die Grundlagen, an die er glaubte, sind erschüttert; der Wert des Geldes, der Besitz sind unbeständig geworden, die Materie verliert den Kredit. Es gibt immer mehr und mehr Menschen, die das totale Versagen des Materialismus erkennen und nach den inneren Ursachen forschen. Der Geist gewinnt wieder die Oberhand und besiegt die Materie, und den Suchenden, Forschenden, den Nikodemus-Menschen, wird Christus immer wieder die Antwort geben: »Wahrlich ich sage euch, ihr müßt von neuem geboren werden« (Joh. 3/7), und wenn sie neugeboren sind: »Folget mir . . .«

*

Wenn wir die Geschichte Europas überblicken und erkennen, welche Geistesströmungen einander abgelöst haben, so werden wir verstehen, daß alles nach einer göttlichen Planmäßigkeit vor sich geht. Wenn die verflossenen 2000 Jahre wie auf einem Filmband an uns vorbeiziehen, so sehen wir in großen Zügen, wie die Millionen der westlichen Welt sich bis zu den jetzigen Zuständen entwickelt haben. Die Vergangenheit streute die Saat für die Gegenwart, und die Taten der Gegenwart legen den Grundstein für die Zukunft. Europa steht an einem Wendepunkt, und die Flügel der Windmühle seiner Geschichte werden vom Sturm der Zeiten gründlich zum Drehen gebracht.

Es ist überflüssig, die geschichtlichen Ereignisse aufzuzählen, da diese ohnehin bekannt sind, und sie interessieren uns auch nur vom Gesichtspunkt der Wirkungen aus, die sie auf die Entwicklung der europäischen Seele ausübten.

Wir beginnen unseren Rückblick bei dem größten und wichtigsten Ereignis, das von entscheidender Wirkung auf die Gestaltung der Geschichte und des Seelenlebens gewesen ist bis auf den heutigen Tag, — und es auch in der Zukunft bleiben wird . . . Dieses Ereignis, welches die bis dahin herrschende Welt des klassischen Altertums zerstörte, war die Geburt Christi.

Mit der christlichen Lehre begann eine ganz neue Epoche. Die neuen Ideen formten das Antlitz der antiken Welt um

und erfüllten die Prophezeiungen des Alten Testamentes. Die erste Gruppe der Jünger war eine, aus schlichten Menschen bestehende, kleine Schar, aber ihr Glaube war unerschütterlich stark, und vermöge der Macht, die sie durch die Einweihung in das Christus-SELBST gewannen, verwandelten sie das Bild der westlichen Welt.
Zu jener Zeit stand Europa unter der Herrschaft des Römerreiches. Die unterdrückten Völker und die Millionen von Sklaven dürsteten in ihrem unendlichen Elend nach Freiheit und seelischem Trost. Diese hungernden und dürstenden Massen waren die ersten, die das Brot und das Wasser des Lebens, das ihnen von den Kündern des Christentums geboten wurde, mit glückseliger Freude entgegennahmen, und sie wurden zum Teil selber Mithelfer des, im Namen Gottes vollbrachten, mächtigen Werkes. Ihre Seele wurde befriedigt, da sie in der Lehre Trost und Hoffnung erhielten, die im Tausch für irdische Prüfungen und Leiden ein besseres und schöneres Leben im Jenseits versprach.
Die Jünger zerstreuten sich nach allen Himmelsrichtungen. Einzelne blieben im Heiligen Lande oder begaben sich in andere Teile Asiens, — doch war die Lehrtätigkeit dieser Gruppe von schwacher Wirkung und hörte bald auf. Tiefe Wurzeln schlugen hauptsächlich die Lehren der Apostel Peter und Paul, die nach Europa kamen und Tausenden von Gläubigen die Einweihung gaben. Im römischen Reich nahmen immer mehr und mehr die Taufe an und jene, die erfüllt wurden mit dem Heiligen Geist, verkündeten auch selber das Wort, denn es gab viele nach der Wahrheit Dürstende. Die Wunder und Zeichen, die von den Aposteln vollbracht wurden, überzeugten das Volk, und das Feuer des Christentums verbreitete sich nach allen Richtungen. Es entstanden Gruppen, die in idealer Einheit zusammenlebten. Es gab gemeinsame Kasse, gemeinsamen Boden; nie-

mand hatte eigenen Besitz, alles gehörte der Gemeinschaft. Jeder verrichtete die Arbeit, für die er sich am besten eignete und erhielt dafür seinen Lebensbedarf. Das göttliche Wort breitete sich mit mächtiger Kraft aus, es gab viel zu ernten!

Die ersten Christen wurden von den Aposteln »in Christo« — in das höhere SELBST — eingeweiht. Die Apostel kannten, — wußten die Wahrheit. Sie wußten, daß Christus nicht außen, sondern innen gesucht werden muß, und sie fanden IHN im SELBST, in der WAHRHEIT, im LEBEN. Sie wußten auch, was Christus meinte, als er sagte: »Auf daß sie alle eins seien, gleich wie Du, Vater, in mir und Ich in Dir, daß auch sie in Uns eines seien« (Joh. 17/21). Sie wußten, was die von Christus verheißene Unsterblichkeit bedeutet: »Wer an MICH glaubet, der hat das ewige Leben« (Joh. 6/47), weil sie mit ihrem Bewußtsein in dem göttlichen Christusselbst lebten. Sie hatten keine Furcht vor Verfolgung und vor dem leiblichen Tode, denn sie wußten, daß es keinen Tod gibt, nur das ewige Leben. Mutig ließen sie sich in die Arena vor die wilden Bestien schleppen, weil das höhere SELBST ihnen Kraft gab, all die Qualen und das Martyrium zu ertragen. Dieser unerschütterliche Glaube und die Einheit der ersten Christen verlieh dem Christentum die magische Kraft, die es über die Zeitalter hinweg aufrecht erhalten hat. Gegen eine solche Einheit und einen solchen Glauben gibt es keine Macht und keine Waffe, denn Einheit und Glaube arbeiten unsichtbar, das menschliche Herz und alles durchdringend, siegend über Raum und Zeit. Das vergossene Blut dieser ersten Christen ist die unerschütterliche Kraft, denn die Magie des Opfers und der Liebe sind unsterblich, wie das ewige Leben selbst.

Die römischen Beamten, höheren Offiziere und alle jene, die im Zusammenhang mit der Christenverfolgung in Verbindung zu den Christen kamen, wurden durch ihren unerschütterlichen Glauben und ihre Todesverachtung tief erschüttert und konnten sich deren Wirkung nicht entziehen. Sie waren neugierig, welche Bewandtnis es wohl mit dem neuen Glauben habe, den die Menschen so hoch einschätzten, daß sie sich dafür sogar in den Tod treiben ließen. Sie veranlaßten, daß Christen im geheimen zu ihnen kamen, — vielleicht ein Apostel, — um sich das Christentum erklären zu lassen und um vor allen Dingen zu erfahren, wer jener Christus, »der König der Könige« sei. — Und die Macht des Wortes und das Blut der Märtyrer taten ihr Werk. Hohe Offiziere samt ihren Familien traten zum Christentum über und schlossen sich jener Masse an, die mit Psalmengesang und Lobpreisen Gottes, im Namen Christi, in den Tod ging.

Wir wissen aus der Geschichte, wie das Christentum sich von Stufe zu Stufe, von den ärmsten Volksschichten bis hinauf in die höchsten Kreise verbreitete, bis schließlich die Verfolgungen und Folterungen nach mehreren hundert Jahren aufhörten. Konstantin der Große gestattete den Christen, ihre Religion frei auszuüben und er selber begann auch, sich mit den christlichen Lehren zu befassen. Er erkannte ihre Schönheit und nahm das Christentum als Staatsreligion an. Ja, er selber leistete Hilfe beim Ordnen der Glaubenssätze und der Organisierung der Kirche. Dreihundert Jahre waren seit der Geburt Christi verflossen. Während dieser Zeit ging der neue Glaube durch viele Köpfe, und es gab schon sehr viele in der Menge, die den wahren Sinn des Christentums nicht mehr verstanden und begannen, es auf verschiedene Arten auszulegen. Konstantin berief ein Konzil nach Nizea und vereinheitlichte die Glaubenssätze. Auf dem Totenbett wurde er Christ und somit der erste christliche Herrscher.

Die Verfolgung hörte auf, und jeder römische Bürger konnte volle Religionsfreiheit genießen. Das für Christus vergossene Blut der Märtyrer wurde zum Fels, auf dem die Kirche aufgebaut wurde. Die in der Gemeinschaft und Einheit der ersten christlichen Gemeinden verwurzelte Kraft wurde nach und nach zu einem weitverzweigten, mächtigen Baum und wuchs so zu einer Weltmacht empor.
Die Entwicklung bleibt aber nicht stehen. So wie die Blume nach dem Verblühen ihre Blütenblätter verliert um sich zur Reife der Frucht vorzubereiten, so begann auch das Christentum, — nachdem seine Blüte durch Verbreitung der Religion in ihrer Freiheit und Macht erreicht war, — die Blütenblätter der Ur-Idee zu verlieren, um die Frucht hervorzubringen: das neue Jerusalem, — das in der christlichen Liebe verwirklichte und auf die christlichen Ideen aufgebaute Leben!
Die massenhaften Bekehrungen hatten aber zur Folge, daß die Einheit der ersten christlichen Gemeinden stark erschüttert wurde. Die auf die Gemeinschaft aufgebauten Regeln lockerten sich. Solange die Annahme der Taufe ständige Verfolgung, Folterqualen und Todesgefahr bedeutete, wurden *nur solche zu Christen, die einen unerschütterlichen, fanatischen Glauben aus dem inneren Erlebnis heraus* besaßen. Für jene, die bereit waren, ihr Leben jederzeit für Christus zu opfern, war der Verzicht auf ihre irdischen Güter und deren Überlassung für die Gemeinschaft sowie die Führung des einfachen, bescheidenen Lebenswandels der Christen kein Opfer. »Wer sein Leben verliert um meinetwillen, der wird's finden« (Matth. 10/39). — Diese Verheißung schwebte ihnen vor Augen, und sie opferten ihr persönliches Leben für die himmlischen Freuden, deren sie teilhaftig wurden, indem sie in Christus lebten. Als aber das Christentum zur Staatsreligion wurde, strömten in

großer Zahl solche hinzu, die nicht reif waren, ihr alltägliches Leben mit der Opferbereitschaft zu durchdringen. Sie waren nicht bereit, ihrem persönlichen Leben zu entsagen, da sie nicht imstande waren, sich in das SELBST Christi, — in das Überselbst, — zu erheben. So kam es, daß sie die christliche Religion im Prinzip annahmen, aber das auf weltliche und sinnliche Freuden gegründete Heidenleben weiterführten. — Es gab auch viele, welche sich taufen ließen, ohne die Größe der christlichen Ideen zu verstehen, nur um den Gefallen der Kirche und deren Förderung zu erreichen, um sich unter den Fittichen der immer mehr zunehmenden Macht der Kirche in Sicherheit zu fühlen und ihr eigenes Machtstreben und ihren Machttrieb befriedigen zu können. — Tatsächlich gab es unter den, durch Massentaufen angewachsenen christlichen Scharen, sehr viele, die keine echten Christen waren. Die Kirche war gezwungen, Zugeständnisse zu machen und die auf Gemeinschaft und puritanische Schlichtheit gebauten strengen Regeln der ersten Christen für die große Menge bedeutend zu lockern.

Im Wandel der Zeiten verschwanden diese Gemeinschaften vollständig, denn jene, die sich auch weiterhin nach dieser Lebensform sehnten, zogen sich mit der Zeit vom weltlichen Leben zurück und sammelten sich, nach dem Geschlecht getrennt, um einen auserwählten Mann oder eine Frau und gründeten Orden. Zu den ersten Ordensgründern gehört der heilige Benedikt, der etwa 500 nach Chr. in der Folge zwölf Ordenshäuser gründete.

Nach Benedikt folgte eine ganze Reihe großer Heiliger, die im Geiste Christi ausschließlich für Gott lebten. Viele unter ihnen stifteten Orden oder verfaßten monumentale Werke seelischer Erbauungen, wie Meditations- oder Exerzitienbücher, den Gedanken des *echten* Christentums auf diese

Weise erhaltend. Von den allergrößten Persönlichkeiten seien hier einige erwähnt: Sankt Dominikus, Franz von Assisi, Johannes vom Kreuz — einer der größten Mystiker, — der heilige Antonius, — der große Kirchenlehrer, — der heilige Augustinus, die »große« heilige Therese und noch viele andere in Christo lebende Heilige.

Die Jahrhunderte folgten einander, und wie wir aus der Geschichte wissen, entwickelte sich die Kirche zu einer großen Macht, die auch von den europäischen Herrschern anerkannt wurde und der sie ihre Huldigung darbrachten. Widersetzte sich ihr jemand, so mußte er früher oder später nachgeben. Heinrich IV. war ein mächtiger Herrscher; sein Konflikt mit dem Papst führte aber trotzdem dazu, daß er gezwungen wurde, barfuß, in härenem Gewand nach Canossa zu pilgern, der Residenz von Papst Gregor VII., um für seine Unbotmäßigkeit Verzeihung zu erbitten. So wurde »der Gang nach Canossa« ein Begriff.

Im XI. Jahrhundert rief Papst Urban II. zum Kreuzzug auf. Ganz Europa war damals in dieser Idee verschmolzen, und die allgemeine Begeisterung stellte die Gegensätze zwischen den Völkern Europas für eine Zeitlang zurück.

Die Geschichte der Kreuzzüge ist bekannt. Sie dauerten bis zum Anfang des XIII. Jahrhunderts und schlossen mit Enttäuschung und Ernüchterung. Wenn wir Einzelheiten unbeachtet lassen und bemüht sind, alles vom Gesichtspunkte des großen Ganzen zu betrachten, so müssen wir einsehen, daß zu einer Herauskristallisierung gewisse chemische Prozesse nötig sind, die aber bei einer Teilbeobachtung als schädlich erscheinen. Und doch führen diese zu dem gewünschten Ergebnis. Die Kreuzzüge brachten der westlichen Menschheit etwas, was die damalige Welt gar nicht ahnte.

Die Menschen wurden der Kreuzzüge müde und dies trug

dazu bei, daß sich die Verhältniszahl zwischen echten, nach christlichen Ideen lebenden Christen und jenen, die nur dem Namen nach die Nachfolger Christi waren, immer mehr verschob. Die große Menge verstand die gewaltige Lehre Christi nie, und so sehr ihr auch anfänglich die Verheißung von Unsterblichkeit und dem Reiche Gottes gefiel, so groß war die Enttäuschung, als die Erfüllung nicht im buchstäblichen Sinne dieses Wortes kam, »Wer an mich glaubt, der hat das ewige Leben« (Joh. 6/47). Der auf einer geistig noch wenig entwickelten Stufe stehende Mensch wird die Unsterblichkeit stets auf seinen Leib anwenden wollen, nicht aber auf sein Selbst. Christus erklärt in der Bibel aber: »Denn sehet, das Reich Gottes ist inwendig *in euch*« (Luk. 17/21). Trotzdem suchten — und suchen die Menschen auch heute noch — das verheißene Reich Gottes nicht *in ihrer eigenen Seele*, sondern erwarten es *von außen*. Die Freuden des himmlischen Lebens projizierten sie mit irdischer Denkweise in den Raum, denn sie verstehen nicht, daß das Himmelreich *nicht ein Ort, sondern ein Zustand ist*. — Die primitive Menge konnte aus der unstofflichen Geistigkeit der christlichen Lehre keine Kraft schöpfen, weil die geistige Ebene, — das Reich Christi, das nicht von dieser Welt ist, — für sie unnahbar war, — und für sie immer unnahbar bleibt! Der bis in die Herzen dringende Ruf Christi: »Kommt her zu mir alle, die ihr mühselig und beladen seid . . .« (Matth. 11/28), wie schön er auch klang, er blieb wirkungslos, denn sie wußten nicht, *wo* sie Christus finden können, um zu Ihm zu gehen. Die Menschen wußten nicht, — und wissen es auch heute nicht, — daß sie Christus nur in sich selbst finden können. Der Apostel Paulus sagt ganz klar: »Oder erkennet ihr euch selbst nicht, daß Christus in euch ist?« (II. Kor. 13/5). Die Menschen suchten die Hilfe von außen, wenn sie in Bedrängnis waren, und weil sie GOTT und Christus in unerreichbarer Höhe über sich fühlten, gingen sie zur Wahrsagerin, die stets bei der Hand war. Diese versah sie mit Zaubertränken und Hexensalben und befriedigte ihren Kummer mit verschiedenen Zaubereien. Der primitive Mensch will immer »Zeichen und Wunder« sehen, da er die Hilfe höherer Mächte in greifbarer Form haben will.

Wenn wir alte Aufzeichnungen oder Chroniken durchblättern, überrascht uns, wie oft in Europa die Furcht vor dem Jüngsten Gericht aufgetaucht ist. Es genügte eine sonderbar gestaltete Wolke am Himmel, um sofort das Herannahen des Weltendes daraus zu folgern. Wiederholt jagten die Menschen einander in diese Angstpsychose hinein, was schließlich dem Glauben sehr großen Schaden verursachte. Ein Teil der Gläubigen hielt Einkehr, versammelte sich in den Kirchen und betete. Andere ergaben sich wilden Zechgelagen und wollten nicht arbeiten, um das Leben noch rasch auszukosten, solange es da war. — Das Jüngste Gericht blieb aber aus. — Die Leichtgläubigen waren enttäuscht und hörten auf zu beten. Die Zecher waren auch enttäuscht, denn schließlich mußten sie vom Vergnügen lassen und wieder arbeiten. Der Glaube beider Gruppen wurde geschwächt und das tägliche Leben sonderte sich von den christlichen Wahrheiten ab, und entfernte sich immer mehr von ihnen. Um so mehr griffen Aberglauben und schwarze Magie um sich. Tagebücher, Briefe und Aufzeichnungen dieses Zeitalters beweisen, wie allgemein bekannt zu jener Zeit die verschiedenen Praktiken der schwarzen Kunst waren. So können wir in der Selbstbiographie von Benvenuto Cellini die genaue Beschreibung der dunkelsten Geisterbeschwörungen lesen. Teilweise ist es grausig und haarsträubend, zugleich unerhört unterhaltsam, wie Cellini uns das Ganze erzählt. In einer Nacht begaben sich ein

Zauberer, Cellini mit zwei Freunden und einem zwölfjährigen Knaben, — nach der Vorschrift mußte nämlich auch ein unschuldiges Kind zugegen sein, — in das Kolosseum zu Rom. Dort legte der Zauberer die vorgeschriebene Tracht an und zeichnete, — begleitet von verschiedenen Zeremonien, — einen Kreis auf den Boden. Dann zeichnete er ein Tor und durch dieses führte er die Teilnehmer in den Kreis hinein. In der Mitte wurde ein Feuer angefacht, man hockte um die Flammen und verteilte die Rollen unter sich. Während der Zauberer aus den mitgebrachten Büchern die Zauberformel las, mußten Cellini und seine Gefährten das Feuer schüren und eine besondere Art von Räucherwerk in die Flammen streuen. Dies mit dem Zweck einer doppelten Wirkung: zum Teil hält es die bösen Geister ferne, daß sie nicht in den Kreis eindringen können, zum Teil aber erschließt das verbrannte Zaubermittel jenen, die den Rauch einatmen, das innere Gesicht, damit sie die Geister mit eigenen Augen sehen können. — Als alle Vorbereitungen getroffen worden waren, beschwor der Zauberer unter schrecklicher Gotteslästerung und unflätigen Verwünschungen die Teufel, seine Befehle auszuführen. Die Beschwörung gelang zu gut, denn Legionen von Teufeln erschienen, in solcher Menge, daß das ganze Kolosseum mit ihnen erfüllt war. Es wimmelte von grauenhaftesten Ungeheuern und Fratzen, die sich zerrten und stießen, um in den Zauberkreis hineinzugelangen, denn dann hätten sie sich der Beschwörer bemächtigen können. Benvenuto Cellini beschreibt weiter, daß alle, einschließlich des Zauberers, der die Zaubersprüche nunmehr stotternd wiederholte und seine Gefährten anfeuerte, weiter ihre Pflicht zu tun, von einer so grauenhaften Angst gepackt wurden, daß sie wie Espenlaub zitterten, daß ihre Zähne klapperten, und einem von ihnen, der vor Schreck gelähmt wurde, seien die Augen übers Kreuz gestanden. Der Knabe, den Kopf zwischen die Knie gepreßt, heulte, er müsse sterben, denn der Anblick dieser fletschenden Ungeheuer war ihm unerträglich. Cellini bebte ebenfalls an allen Gliedern, auch seine Zähne klapperten, aber zugleich grinste er darüber, daß sein Freund vor Furcht schielte, und er ermutigte die andern, vor allem das Kind, sich zu sammeln und keine Angst zu haben. Auch schlotternd, gab er den Teufeln doch seine Befehle, die, — wenn sie nicht bis zum ersten Glockenschlag in den Kreis eindringen konnten, — die erhaltenen Befehle ausführen mußten. — So verging die Nacht unter schrecklichen Ängsten, bis der Morgen endlich graute. Die Teufel zogen sich langsam zurück, und beim ersten Glockenschlag trieben sich nur noch einige zwischen den Säulen des Kolosseums herum. Die Geisterbeschwörer, halb tot von der überstandenen Angst, brachen auf. Der Zauberer zog wieder seinen Alltagsrock an, raffte seine Bücher zusammen, und eng aneinandergeklammert traten sie alle zusammen aus dem Kreis heraus, sich gegenseitig stoßend und balgend, denn jeder wollte, geschützt von den andern, in der Mitte gehen. Der Knabe kroch unter ihre Beine und hielt sich am Mantel Cellinis und an der Weste des Zauberers fest. Den ganzen Weg heimwärts jammerte er, daß zwei Teufel, gräßliche Mißgeburten, ihnen folgten, — und da sie ihnen nicht mehr beikommen konnten, — es war schon nach Sonnenaufgang, — ihnen voranliefen, einmal auf Hausdächern, dann auf der Straße herumhüpften und Purzelbäume schlugen. Das war das Ende der Geisterbeschwörung. Und wenn auch das Begehren Cellinis durch die Teufel erfüllt wurde, — von weiteren Geisterbeschwörungen war er nun gründlich geheilt.

Das Mittelalter wird finster genannt, denn Hexerei, Aberglaube und die schwarzen Künste standen in voller Blüte.

Es lebten in jenem Zeitalter aber auch große Geister, reine Seelen, die ihr Bewußtsein zur Höhe Christi erhoben. Doch wie immer, geschah es auch da, daß die reine, heilige Mystik der höher geordneten Menschen durch die Unwissenden zum dunklen Mystizismus erniedrigt wurde. Aus dem geheimen Wissen der Eingeweihten machten die Uneingeweihten Aberglaube und Hexerei. Die heilige Ekstase, — die heilige Versenkung, — die von den Yogis Samadhi genannt wird und von den Mystikern durch ausdauernde Seelenübungen und Gebet erreicht wurde, wollten niedrige Seelen durch Anwendung von Hexensalben und verschiedenen betäubenden Giften erlangen.

Vom XIII. Jahrhundert an finden wir immer mehr Spuren einer Gruppe von sonderbaren Menschen, die in einem Geheimbund miteinander vereinigt waren. Das Wissen, das auch sie selbst einst von ihrem Meister erhalten hatten, wurde unter strenger Geheimhaltung je einem ihrer erprobten Schüler weitergegeben. Sie nannten sich Rosenkreuzer, denn ihr Geheimzeichen war ein Kreuz, um das sich eine erblühte Rose rankte. In der Mitte des Kreuzes stand im Strahlenkreis die Gestalt Christi, — das göttliche Selbst. —

Die Spuren der Rosenkreuzer können in allen Ländern Europas verfolgt werden. Die meisten von ihnen lebten in Deutschland, Frankreich und England. Sie waren umgeben von Geheimnissen und niemand wußte Bestimmtes über sie, doch gibt es noch heute viele überlieferte Dokumente, die über ihre Existenz, ihren Bund und ihre erstaunliche Wissenschaft Beweis erbringen. Sie befaßten sich mit allen Zweigen der Wissenschaft und in ihrer Alchimistenküche, im Versuchsofen, brannte Tag und Nacht das Feuer. Das Volk wich diesen Alchimistenküchen ängstlich aus, denn die Rosenkreuzer wurden für Hexenmeister gehalten.

Die Anfänge unserer chemischen Wissenschaft gehen auf diese Männer zurück, die sich mit dem Geheimnis der Materie befaßten und deshalb allgemein Alchimisten genannt wurden. Die großen, eingeweihten Alchimisten waren alle Rosenkreuzer. Chroniken berichten, sie hätten das Geheimnis der Golderzeugung, des Steins der Weisen, des Lebenselixieres, der ewig brennenden Lampe und noch verschiedener anderer Dinge, die von der Wissenschaft jetzt nach und nach entschleiert werden, gekannt. Sie verrieten ihr Wissen nicht, sondern hüllten es in symbolische Abbildungen und Parabeln, um die Aufmerksamkeit jener zu erwecken, die reif dazu waren und auch, um der Forschung eine bestimmte Richtung zu geben. Es waren bewunderungswürdige Menschen. Sie hatten Einblick in die Geheimnisse der Schöpfung und kannten die Tatsache der Vereinigung des Selbstbewußtseins mit Gott. Sie waren wahrlich große und reine Mystiker, — aus ihren Aufzeichnungen strömten tiefste Andacht, eine aus der Überzeugung entspringende Gläubigkeit und Demut vor Gott. Diese großen Weisen in Europa kamen zur Kenntnis, den Spuren des Heilandes folgend, derselben Yoga-Übung, die im Orient von den großen Meistern gepflogen wird. Möglicherweise hatte einer von ihnen dieses Geheimnis während der Kreuzzüge nach Europa gebracht und weitergegeben. Es gibt Anhaltspunkte über die Rosenkreuzer, die diese Annahme bestätigen. Wie dem auch sei, — Christus: das Überselbst, ist eine lebendige Wirklichkeit; das göttliche Selbstbewußtsein ist eine psychologische Tatsache. Es kann von jedem gefunden werden, der es wirklich sucht. Die Wahrheit ist immer und überall, über Zeit und Raum hinweg, — die gleiche. Der Stein der Weisen, über den die eingeweihten Männer in ihren Schriften berichten, war nichts anderes, als das der überbewußten Welt des Menschen innewohnende Überselbst. Dieses göttliche SELBST ist der Fels, auf den ein weiser Mensch sein Haus erbaut. Deshalb wurde er »Stein der Weisen« genannt. Das »Lebenselixier«, das aus diesem Stein gewonnen wird und das ewige Leben spendet, ist dieselbe lebenspendende Flüssigkeit, von der die Bibel spricht als dem »Blut Christi«. Das ist eine symbolische Bezeichnung und zugleich eine lebendige Wirklichkeit. Denn das »Lebenselixier« ist eine besondere Strömung im menschlichen Körper, die mit dem Erwachen des Überselbst sich im Nervensystem vollzieht. Wer dies erlebt hat, wird fühlen, als ströme eine besondere Flüssigkeit in seinen Gliedern, in seinem ganzen Körper. Die Ausströmungspunkte sind in den Händen die Mitte der Handfläche, an den Füßen die Mitte der Sohlen, und eine Stelle etwas rechts von der Mitte der Brust. Dies sind die »fünf Wunden Christi«. Von diesen Punkten aus fließt und strahlt die Strömung, und ihre Wirkung ist Leben spendend. Die Heilkraft bei der Handauflegung großer Heiliger erklärt sich daraus. Lesen wir die Lebensbeschreibung einiger großer Heiliger und wir werden diese Wahrheit erkennen. Der Maler Albrecht Dürer, der auch ein Eingeweihter war, stellte dies auf mehreren seiner Bilder dar. Ganz richtig hat er dabei die Wunde des Lanzenstiches auf die rechte Seite des Körpers Christi gemalt, und das in Strömen aus den fünf Wunden fließende Blut wird von Engeln in Kelchen aufgefangen. Die »Stigmatisierung« der Heiligen hängt ebenfalls mit der erwähnten Erscheinung zusammen.

Die Vereinigung mit dem christlichen, — göttlichen SELBST öffnet das geistige Sehen des Menschen, er wird allwissend. Die Rosenkreuzer, wie schon erwähnt, widmeten sich auch wissenschaftlicher Forschungsarbeit und dazu war die bewußte Entwicklung ihres Selbstbewußtseins eine gewaltige Hilfe. Alle neueren Errungenschaften der modernen Wissenschaft bestätigen das staunenswerte Wissen jener Männer, sei es auf dem Gebiete der Physik, Chemie, der Naturgeschichte oder der Psychologie. Die unwissende Menge von damals hat jene Persönlichkeiten aber vollkommen mißverstanden, und so wurde die Goldmacherei und die Lösung des Geheimnisses um den Stein der Weisen zu einer allgemein starren und verkannten Idee. Ein-

geweihte wie Albertus Magnus, Paracelsus, Laurentius Ventura, Setonius, Raimundus Lullus, Agrippa von Nettesheim, Henricus Madathanus, Nostradamus und noch viele andere wußten sehr gut, daß ihre Zeitgenossen noch vollkommen unreif waren für wissenschaftliche und psychologische Wahrheiten, und deshalb weihten sie nur ihre erprobten Schüler durch mündliche, unmittelbare Belehrungen ein. Wer ihre symbolischen Zeichnungen und Parabeln enträtselt, staunt, auf welch hoher Stufe des Wissens und der Wahrheit diese großartigen Männer gestanden sind. Die Durchschnittsmenschen jener Zeit legten aber alles nach materialistischen Gesichtspunkten aus, und wenn auch der eine oder der andere die verborgenen Andeutungen verstand, daß der Stein der Weisen aus dem Menschen selbst hervorgebracht werden müsse, so kam es ihnen doch nicht in den Sinn, daß sie dies auf sich selbst beziehen müßten, und daß die Unsterblichkeit, die vom Lebenselixier gespendet wird, sich nicht auf den Körper, sondern auf das Selbstbewußtsein bezieht. Sie hatten die Vorstellung, daß der Stein der Weisen aus der Materie des Körpers erzeugt werden müsse. Die Goldmacherkunst entartete in Europa zu einem wahrhaftigen Fieber und verbreitete sich gleich einer Epidemie, nach allen Richtungen, die Menschen erfassend. Aus Prozeßakten des Mittelalters geht hervor, daß Burgherren, auf der Jagd nach dem Geheimnis der Goldmacherkunst, so besessen waren, daß sie mehrere Leibeigene mordeten, um aus den Körpern oder dem Blut ihrer Opfer den Stein der Weisen hervorzubringen.
Solche Massenpsychosen sind das beste Feld für Gaukler und Scharlatane. Wie Pilze nach einem warmen Sommerregen, so tauchten die durch das Land ziehenden Schwindler, sich als Alchimisten ausgebend, auf. Sie machten den leichtgläubigen und habsüchtigen Schloßherren vor, sie

seien in der Goldmacherkunst bewandert, und nachdem sie sich Wochen und Monate tüchtig vollgegessen und getrunken und ihren vornehmen, aber unwissenden Gastgeber reichlich ausgebeutet hatten, gaben sie Fersengeld, um dasselbe Spiel bei einem anderen Herrn zu wiederholen. Nachdem sich solche Schwindler Alchimisten nannten, wurde mit der Zeit der Begriff »Alchimist« gleichbedeutend mit Betrüger, und man begann, sie zu verfolgen. Schließlich kannte sich niemand mehr aus, wer ein Gaukler war und wer nicht, und so wurde für die wirklichen Gelehrten, die nun auch verfolgt wurden, eine weitere Forschungsarbeit fast unmöglich gemacht. Sogar ein Genie wie Paracelsus mußte ständig von einer Stadt in die andere flüchten, da man ihn wegen seiner erstaunlichen Heilerfolge und seinem chemischen Laboratorium für einen Hexenmeister hielt. Wiederholt sah er sich gezwungen, sein Versuchslaboratorium zu zertrümmern, damit es nicht die Beute der unwissenden Menge wurde. Es ist traurig, von dem verzweifelten Kampf gegen geistiges Dunkel und Borniertheit dieses titanischen Weisen in den Chroniken zu lesen. Wurde zum Beispiel jemand bei einer Sezierung überrascht, auch wenn es der größte Arzt, Gelehrte oder Künstler war, so kam er erbarmungslos auf den Scheiterhaufen. Wir wissen, daß Michelangelo und Leonardo da Vinci, beim Lichte einer an der Stirne befestigten Kerze, im geheimen herbeigeschaffte Leichen während der Nacht sezierten, um dabei nicht ertappt zu werden. Und wenn es jemand wagte, seine wissenschaftlichen Entdeckungen bekanntzugeben, so wurde auch er, wie Giordano Bruno, erbarmungslos auf den Scheiterhaufen verbrannt. Auch sieben Jahre Gefängnis konnten Giordano Bruno nicht zermürben, um seine Lehren zu widerrufen, — Lehren, die der heutigen Wissenschaft als Atomtheorie bekannt sind . . . Schließlich wurde er, erst

52 Jahre alt, verbrannt. — Anders Galilei: er widerrief zum Schein, wissend, daß dies an den Tatsachen nichts ändern werde, seine Theorien, und so wurden nur seine Papiere zur »größeren Ehre Gottes« verbrannt . . . Aus diesen Gründen ist es einleuchtend, weshalb die Rosenkreuzer ihre Wissenschaft so sorgfältig geheimhielten. Trotzdem wurden auch einige von ihnen zu Tode gefoltert, — zum Beispiel Setonius, — aber den meisten gelang es, dem Scheiterhaufen zu entgehen. Goethe gestaltete im »Faust« das Leben eines solchen Gelehrten. — Die Entdeckungen des 20. Jahrhunderts bestätigen die Lehren der Alchimisten Punkt für Punkt. Mit der Entdeckung der Atomzerstörung hat sich die Möglichkeit des Goldmachens bereits bestätigt, und bei jeder weiteren Entdeckung wird es sich erweisen, daß sie in allen Zweigen der Wissenschaft auf der Höhe waren. Es tut den Rosenkreuzern keinen Abbruch, daß die Gelehrten des materialistischen Zeitalters, das dem mystischen Mittelalter folgte, leichtfertig über Dinge urteilten, von denen sie noch nicht genug verstanden, und sie Rosenkreuzer mit den Gauklern in einem Atem nannten und erstere ganz einfach zu Betrügern stempelten. Die Gelehrten des materialistischen Zeitalters, die selbstherrlich alles leugneten oder verlachten, waren aber ebenfalls eine Notwendigkeit . . .

Jedes Zeitalter wird von einem anderen abgelöst, und die Reihenfolge ist kein Zufall, denn jedes Zeitalter bringt zwangsläufig das nächste aus sich selbst hervor. Schwingt der Pendel nach rechts aus, so muß er nachher ebenso wieder nach links schwingen. Die dumpfe Atmosphäre des Mystizismus und des Aberglaubens war reif, von einem reinigenden Sturm weggefegt zu werden. Allerdings pflegt ein solcher Sturm auch Schaden zu verursachen, — mitunter sogar sehr schwere Schäden, — er reinigt aber zugleich die Luft. Die Schäden können später in der gereinigten Atmosphäre leicht wieder gut gemacht werden. – Nach dem Mittelalter, das durch Unwissenheit im Aberglauben und in den Praktiken der schwarzen Magie festgefahren war, mußte die Epoche des ungläubigen Materialismus und des Verleugnens jeder übersinnlichen Möglichkeit folgen.

Der Kampf der Wissenschaft war nicht umsonst. Die epochale Erfindung der Buchdruckerkunst ermöglichte auch den breiteren Schichten das Lernen und Lesen. Es war nicht mehr einzelnen Auserwählten vorbehalten, seltene Handschriften zu studieren, denn die Bücher wurden nun für jedermann erreichbar. Die Erfindung des Mikroskopes trug in gewaltigem Maße dazu bei, daß die Fortschritte der Wissenschaft Allgemeingut geworden sind. Umsonst wurden die Aufzeichnungen von Giordano Bruno und Galilei verbrannt, – die Wahrheit konnte durch kein Machtwort mehr zum Schweigen gebracht werden. Das gesprochene und gelesene Wort nistete sich in die Ohren und Köpfe der Menschen ein und wirkte in ihnen weiter. Sie begannen zu denken! Die Bibel wurde nach und nach in mehr und mehr Sprachen übersetzt und gedruckt, so daß ihre Weisheiten von ewigem Wert auch für die einfachen Menschen zugänglich wurden. Die Völker begannen den christlichen Glauben nach ihrem eigenen Bild zu prägen und waren immer weniger geneigt, das Primat des Papstes anzuerkennen. Martin Luther schlug seine fünfundneunzig Thesen an die Pforte der Wittenberger Schloßkirche, und die Reformation begann.

Martin Luther war nur ein Werkzeug in der Hand des Schicksals, um die geistige Strömung in Gang zu bringen, welche die Gehirne der Menschen klärte. Wenn auch die von Luther begonnene *religiöse* Bewegung »Reformation«

genannt wird, setzte sich im Europa jener Zeit auf allen Gebieten des geistigen und sozialen Lebens eine Reformation durch. Auch durch die Entdeckung Amerikas änderte sich das Bild. Der Handel erhielt neue Grundlagen und blühte gewaltig auf, gleichzeitig erweiterte sich der Kreis der geistigen Interessen der Menschen. Man wagte immer mehr, seinen Gedanken offen Ausdruck zu geben und begann zu diskutieren. Die Meditation und Streitschriften von Jansen, Descartes und Pascal, ihre Kämpfe mit den Jesuiten, rüttelten die Menschen auf. Sie spalteten sich in Parteien, und es wurde endlos argumentiert. Strafen durch Verbrennung auf dem Scheiterhaufen wurden seltener, denn in den Schulen begann man sich so gründlich und allgemein mit den Wissenschaften zu befassen, daß es nicht mehr möglich war, die Gelehrten als Hexenmeister zu betrachten. — Die überwältigende Verbreitung und der Aufschwung der Wissenschaften, zugleich eine gründliche Reformierung der Kirche und die Wiedergeburt ihrer Macht, knüpfen sich an den Namen eines Mannes, der aus derselben unergründlichen und ewigen Kraftquelle schöpfte wie die ersten Christen: aus der Einheit des Überselbst. — Dieser Mann war Ignatius von Loyola.

Ignatius von Loyola* gründete den Jesuitenorden. Er war einer von jenen, welche die innewohnende gewaltige Kraft der Worte Christi verkörperten: »Denn wo zwei oder drei versammelt sind in meinem Namen, da bin ich mitten unter ihnen« (Matth. 18/20). Loyola bewies, wenn nur einige Menschen sich in einem Gedanken vereinigen, diese Einheit solch eine magische Kraft in Bewegung setzt, daß sie unwiderstehlich ist und mächtiger, als jede Waffe. — Es

---

* siehe Jansen: »Die Macht der Jesuiten«.

waren ihrer vier, die sich zusammentaten in völliger Einigkeit, vollkommen arm, ohne Waffenschutz, kämpfend nur mit der Kraft einer im Geiste vereinigten Seele. Jede Macht war ihnen feindlich gesinnt, ja sogar der damalige Papst. Man widersetzte sich ihrer Tätigkeit, versagte ihnen jede Hilfe, — und in der kurzen Zeitspanne von fünfzehn Jahren hatten sie trotz alledem eine weltweite Macht in Händen!
Die Geschichte des Jesuitenordens gehört zu den spannendsten und lehrreichsten Lektüren. — Loyola kannte die Geheimnisse der menschlichen Seele. Seine Exerzitien bekunden ein erstaunliches psychologisches Wissen, und wer diese Übungen gründlich macht, gewinnt vollkommene Selbsterkenntnis und vollkommene Herrschaft über die geistigen Kräfte magischer Wirkung. Loyola war nicht in den mystischen, sondern in den dynamischen Seelenkräften bewandert und weihte auch seine Schüler in deren Gebrauch ein. Nur Männern mit solchem Rüstzeug konnte es gelingen, was die Jesuiten vollbrachten: Europa zu erobern und den Widerstand des Ostens zu durchbrechen. Schon vor den Jesuiten hatten viele versucht, den Samen der christlichen Lehre unter die Völker Asiens zu streuen, aber fast ohne Erfolg. Der Jesuitenorden aber war eben eine geistige Einheit von Männern mit geläuterten Seelen, die, durch die Exerzitien gründlich geschult, über erstaunliche geistige Kräfte verfügten. Sämtliche Mitglieder stellten ihre großartigen Fähigkeiten mit vollkommener Unpersönlichkeit und absolutem Gehorsam in den Dienst dieser Einheit. Keiner arbeitete für persönlichen Ruhm, sondern nur zur Erreichung des großen Zieles der Gemeinschaft. Ignatius von Loyola sammelte auserwählte, hochbegabte, in allen Künsten und Wissenschaften bewanderte Männer von Format um sich, die seine Absichten oft mit verblüffender Genialität durchführten. Ihr erstaunlichster Erfolg war

das Eindringen in den geschlossenen Kreis der Brahminen in Indien, und nach Durchbrechen der großen Mauer, der Beginn ihrer Tätigkeit in China. Sogar in Japan setzte die Bekehrungsarbeit ein, aber nach einem guten Anfang wandte sich die Stimmung, — infolge innerer Parteikämpfe, — gegen die Jesuitenpatres, und schließlich wurden sie gekreuzigt. Ihr heldenhaftes Verhalten und der unerschütterliche Glaube, der ihnen Kraft verlieh, die unsäglichen Qualen der Kreuzigung mit der Ergebung Christi zu ertragen, machten so tiefen Eindruck auf die Japaner, daß sehr viele sich taufen ließen. Tatsache ist, als nach vielen Jahren wieder Missionare nach Japan kamen, fanden sie dort zahlreiche christliche Eingeborene: Nachkommen jener Japaner, die von den Jesuiten-Märtyrern getauft worden waren.

In China hatten die Jesuiten mehr Glück. Allerdings war der Anfang auch dort schwer, da der Kaiser in völliger Abgeschiedenheit lebte und es lange Zeit nicht gelang, in diese Abgeschlossenheit einzudringen. Die magische Kraft der Einheit der Priester offenbarte sich jedoch in verschiedenen »glücklichen Zufällen«, — der Kaiser erhielt Kenntnis von ihrem gewaltigen Wissen, berief sie zu sich, und die Jesuiten, diese unvergleichlichen seelischen Virtuosen, hatten ihn rasch für sich gewonnen. Diese Männer kannten alle Geheimnisse der menschlichen Seele, — hatten sie doch selber die vollkommenste seelische Schulung durchgemacht, — und so spielten sie mit der Seele anderer, wie auf einem gefügigen Instrument. Einmal vom Kaiser empfangen, war der Kampf gewonnen, denn wer diesen Jesuiten gegenüberstand und *nicht selber über ähnliches psychologisches Wissen und ähnliche, durch Exerzitien entwickelte Seelenkräfte verfügte, wurde zu einem willenlosen Werkzeug in ihrer Hand.* Ignatius von Loyola und seine

Gefährten gebrauchten diese riesige Kraft und Macht über die menschliche Seele jedoch nur im Sinne der Einheit, der Nächstenliebe und zur Hebung der Sitten. Solange jemand mit den göttlichen Kräften arbeitet, wird er auch von Gott gefördert. (Ob die Nachfolger Loyolas auch so unpersönlich, in seinem Sinn gehandelt haben, soll hier nicht untersucht werden!) — Als der Kaiser von China das umfassende Wissen der Jesuiten erkannte, machte er sie zu Leitern der kaiserlichen Sternwarte. Das bedeutete, daß in jenen Zeiten auch die Politik Chinas von Jesuitenpatres gelenkt wurde, weil der Kaiser von China jede politische Handlung nach astrologischen Aspekten ausführte.

Die Jesuiten führten fast in allen Teilen der Welt ein großzügiges Bekehrungswerk durch. Das schönste Beispiel von Gemeinschaftsarbeit und Kollektivismus im Geiste Christi schufen sie in Südamerika. Die Indianer waren zuerst unnahbar. Dieses Volk war infolge der hinterlistigen und erbarmungslosen Handlungsweise der Spanier so mißtrauisch, daß sie jedem weißen Menschen aus dem Wege gingen. — Die Jesuiten hielten allabendlich Gottesdienste und sangen Psalmen. Während des Gesanges bemerkten sie im Walde und am Flußrand immer mehr Indianer, die andächtig dem Gesang lauschten. Daraufhin fuhren die Jesuiten am Tag den Fluß auf und ab, ihre schönsten Lieder singend. Und siehe, die Indianer kamen herbei, und bezaubert von den Harmonien, folgten sie den Jesuiten. Auf solche Weise lockten die Jesuiten die Indianer zu sich, und als diese sahen, daß ihnen kein Leid geschah, faßten sie Vertrauen zu den Priestern. Diese benützten wieder ihr großartiges und vielseitiges Wissen. Sie halfen den Indianern bei jeder Arbeit, lehrten sie im Chor singen, brachten ihnen Lesen und Schreiben bei, unterrichteten sie im Gewerbe und in den Handfertigkeiten und lehrten sie auch künstlerische Handarbeiten. Die Indianer zeigten eine erstaunliche Gelehrigkeit, aber am besten gefiel ihnen der Chorgesang. Die Musik war für sie ein seelisches Ergötzen und glücklich priesen sich jene, die im Chor singen durften. Im Laufe der Zeit organisierten die Jesuiten den kleinen Staat der Indianer nach dem Muster der christlichen Urgemeinde. Jeder Indianer erhielt die seiner Begabung und Fähigkeit angemessene Beschäftigung, die Einkünfte aber flossen in die gemeinschaftliche Kasse. Privatbesitz gab es nicht, die Bedürfnisse eines jeden wurden von der Gemeinde gedeckt. Es gab unentgeltlichen Unterricht, Krankenhäuser und alle nötigen Einrichtungen. Die alten Leute wurden von der Gemeinschaft erhalten und auch für die Erziehung der Kinder sorgte die Gemeinschaft. Dieser kleine Musterstaat beweist ebenfalls die Genialität der Ordensbrüder Loyolas, ihre überpersönliche Selbstlosigkeit und Weisheit. Durch historische Tatsachen ist bekannt, mit welcher Vergötterung die Indianer den Patres zugetan waren. Sie gingen mit all ihren Nöten und Anliegen vertrauensvoll zu ihren Lehrern und sie wären für sie durchs Feuer gegangen. Die Jesuiten behandelten die Indianer mit Rat und Tat. Die Bewohnerzahl des kleinen Staates nahm ständig zu und die Gemeinschaft blühte. Die Indianer verstanden den Gedanken der christlichen Gemeinschaft und arbeiteten begeistert für den gemeinsamen Wohlstand. Alle waren zufrieden und glücklich, denn jeder tat das Seine und jeder erhielt, was er nötig hatte. Dieser Staat war wie eine große Familie. Bedauerlicherweise beneideten dann die Nachbarvölker dieses Volk seiner Güter wegen, und angesichts des herrschenden Wohlstandes wurde behauptet, es befänden sich dort reiche Goldgruben. Die Nachbarn fielen über diese Glücksinsel her. Das kleine Land verteidigte sich unter der Führung der Jesuiten-Patres heldenhaft, zum Teil mit Waffen, zum Teil aber auch durch Bekehrung. Es kam vor, daß die Mannschaft der feindlichen portugiesischen Truppen, als sie das harmonische Leben und das große Glück der Bevölkerung erkannten, mit voller Ausrüstung zu dieser überliefen. – Es wäre traurig zu schildern, wie dieser ideal eingerichtete Staat allmählich, durch Feindschaft geschürt, durch niedrige menschliche Denkweise, durch Neid und Bösartigkeit zugrunde gerichtet wurde. Unverständlich genug ist es, daß sogar im europäischen Mutterkloster das Wirken dieser Patres Neid erweckte. Von Machtwahn besessene Ordensbrüder intrigierten so lange, bis das Haupt des Ordens – Loyola war schon längst gestorben, – ihnen glaubte und den Befehl gab, die Patres aus dem Indianerstaat wegzuschleppen. Es ist aber charakteristisch, daß auch nach der Verschleppung der leitenden Patres ein großer Teil der Indianer beisammen blieb und das, auf die Gemeinschaft der Nächstenliebe gegründete, Leben weiterführten. Erst im Jahre 1948 hörte, auf Anordnung des Präsidenten Lopez, dieser Sonderstaat auf, und damit verschwand auch die letzte Spur dieses großartigen, von den Jesuiten glücklich gelösten soziologischen Versuches in der Republik Paraguay, die dann zum Teil der brasilianischen Republik einverleibt wurde.

In dem Maße wie die Macht der Jesuiten anwuchs, im selben Maße entstanden und vermehrten sich die Feinde. Es ist nicht unsere Aufgabe zu ermitteln, inwiefern die Jesuiten diese feindliche Einstellung verdient haben, oder ob die erhobenen Anklagen nur grundlose Verleumdungen jener waren, deren Eifersucht durch ihre Macht aufgestachelt wurde. Auch der damalige Jesuitenorden bestand aus Menschen und es befanden sich unter ihnen auch solche, die nicht im Geiste Loyolas tätig waren. – *Wir suchen aber jetzt den zu beschreitenden Weg des Westens,* also etwas,

was wir uns als Vorbild nehmen können. Es ist darum unsere Absicht, aus der Geschichte des Westens jene Ereignisse hervorzuheben, *die uns die gewaltige Kraft erkennen lassen, welche aus einer auf Nächstenliebe gegründeten Einheit hervorgeht.* Wir möchten darauf hinweisen, daß eine auf Selbstlosigkeit aufgebaute Gemeinschaftsarbeit die Quelle des Segens und des Glückes ist. Das Christentum brachte den erlösenden Gedanken der Einheit nach Europa, und so oft diese Einheit, wenn auch nur von einer kleinen Gruppe, im Alltagsleben verwirklicht wurde, entsprang daraus immer Segen. Sobald aber von diesem Wege abgewichen wird, — ob es sich nun um eine Körperschaft, ein Land oder einen Weltteil handelt, — ist das Ergebnis Verfall, Untergang und Elend.

Ignatius von Loyola baute die Einheit des Jesuitenordens auf die vollkommene Selbstlosigkeit auf. Nur eine solche Einheit ermöglichte die großen, auf der ganzen Welt sich auswirkenden Erfolge. Die heutige Wissenschaft und Kultur haben, ohne daß man dies weiß oder wissen will, sehr viel dem unermüdlichen Wirken der Jesuiten Loyolas zu verdanken. Zu den Ordensregeln gehörte unter anderem, daß nur allerbeste, auch charakterlich ausgezeichnete Persönlichkeiten Pater werden konnten. Ins Noviziat wurden nur ausgewählte Vorzugsschüler aufgenommen, und von diesen wurden nur die wirklich hervorragenden zur Priesterweihe zugelassen. So finden wir unter den Jesuitenpatres die bedeutendsten Gelehrten, Künstler, Redner, Schriftsteller, Psychologen, Tausendkünstler, ja sogar Schauspieler. Sie gründeten so mustergültige Schulen, daß die Hebung des allgemeinen Niveaus in Kunst und Wissenschaft vor allem diesen zu verdanken war. Die bestgebildeten und mit allem wissenschaftlichen Rüstzeug ausgestatteten Redner und Kämpfer der Gegenreformation waren ebenfalls Jesuiten. Ihre Vielseitigkeit und die umfassende Menschenkenntnis ist auch daraus zu ersehen, daß sie unter anderem auch Theatervorstellungen veranstalteten, — wodurch die Schauspielkunst entwickelt wurde und Aufschwung erhielt, — denn sie wußten, daß *der Mensch Zerstreuung und seelische Erholung nötig hat* und sie wußten vor allem, *daß es besser ist, wenn die seelischen Führer für diese Zerstreuung besorgt sind, als wenn Zerstreuung suchende Menschen in die Hände gewissenloser Geschäftsleute gelangen.* Auch wußten sie sehr gut, daß es auf dem Umweg über eine Zerstreuung leichter ist, die Menschen für eine Idee zu gewinnen. Die Meister der heutigen Propaganda beginnen sich jener Mittel wieder zu bedienen, die schon vor Jahrhunderten von den Jesuiten angewandt wurden. — Es klingt zwar wie ein Widerspruch, bleibt aber trotzdem Tatsache, daß die Jesuiten durch die allgemeine Hebung des geistigen Niveaus viel zur Verbreitung der materialistischen Denkweise beigetragen haben. Je mehr einerseits die führenden Männer mit Feuergeist lernten, je tiefere Einblicke sie in die Geheimnisse der Natur gewannen, je mehr sie hinter den Dingen den ewigen Urgrund erkannten, dadurch *immer näher zu GOTT gelangten und ihr Glaube durch Wissen immer stärker wurde*, um so mehr verflachten die Durchschnittsmenschen. Wenn ein Lichtstrahl in das geistige Dunkel eines mittelmäßigen Kopfes hineinleuchtete, glaubten sie schon alles zu wissen und ihr auf buchstabengetreue Deutung der Religion gegründeter Glaube wurde natürlich erschüttert. Solche Menschen blickten auch in das Mikroskop, sahen die Zellen, die Bazillen, wurden mit der stofflichen Seite der wunderbaren Konstruktion des menschlichen Körpers bekannt und fühlten sich berechtigt, die Existenz der Seele und der unendlichen Macht, die wir GOTT nennen, zu leugnen. —

Der Fortschritt auf allen Gebieten der Wissenschaft brachte mit sich, daß der Glaube des Menschen erschüttert wurde. Es war möglich, ihn zu erschüttern, da er ein kindlicher Glaube war, mit allzu menschlichen Vorstellungen des Himmelreiches, von herumfliegenden Engeln und eines auf goldenem Throne sitzenden bärtigen Gottvaters. Ein solcher Glaube konnte leicht erschüttert werden, weil er nicht auf innerer Überzeugung, sondern auf Phantasie und Traumbildern aufgebaut war, die in den Gläubigen durch andere hervorgerufen worden waren. Das Licht der Wissenschaft erweckt jeden aus solchen Traumbildern, an deren Stelle dann zunächst eine scheinbare Ungläubigkeit tritt. *Das Wissen bringt aber nur dann Ungläubigkeit, wenn es auf halbem Wege stehen bleibt!* Durch die Zunahme echten Wissens läutert sich im Menschen das Gottesbild, nach dem er erschaffen wurde. *Echtes Wissen bringt den echten Glauben, der unerschütterlich ist, da er aus Überzeugung und innerem Erleben entspringt.*

Der Übergang nach dem Zeitalter des Mystizismus brachte eine notwendige Erschütterung der Seelen. Die Gottlosigkeit des Materialismus war unumgänglich, der Aberglauben und die schwarze Magie des Mittelalters wurden dadurch hinweggefegt. Man begann über diese Dinge zu lächeln, die Überlegenheit einer Halbbildung befreite von Gespenstern, Hexen und Hexenkünsten. Der Krampus verschwand. Zugleich verschwand auch das durch Unwissenheit geformte Gottesbild. Aber noch erkannten die Menschen das richtige Antlitz Gottes nicht. Und so blieben sie allein . . .

Gott aber ist immer gegenwärtig, er verschwindet nie, ob man an ihn glaubt oder nicht. Wenn der Mensch, — weil er sich für sehr gescheit hält, — in seiner Blindheit GOTT vorübergehend nicht sieht, so sieht GOTT doch ihn und wird ihn *nie* verlassen. Das Leid des Alleinseins bringt den verblendeten, ungläubigen Menschen Schritt für Schritt GOTT näher, bis sich die Augen öffnen, bis er sich besinnt und im Glücksgefühl der Heimkehr demütig vor GOTT, dem lieben Vater aller, auf die Knie sinkt. Solcher Glaube ist lebendig, weil er nicht auf falsche Vorstellungen, sondern auf Überzeugung und Erleben gegründet ist und von ewiger Dauer sein wird, weil er dem unsterblichen SELBST entspringt. Solcher Glaube kann von nichts erschüttert werden, — er ist kein Dünensand mehr, sondern ein Fels.

Nach Descartes, Jansen und Pascal hatte Voltaire mit seinem aufgeklärten Denken und seinen satirischen Schriften großen Einfluß auf das damalige Europa. Er spielte bei der Vorbereitung des später folgenden Sturmes wahrlich eine große Rolle. Er und die nach ihm folgenden Schriftsteller, Philosophen und Freidenker lehrten die Menschen das selbständige Denken. Sie dachten nicht mehr mit dem Kopfe ihres Beichtvaters, sondern mit dem eigenen. Europa korrespondierte und debattierte.

Dann kam die Französische Revolution . . . —

Die Ideen, die in der Französischen Revolution zum Leben erwachten, rasten über ganz Europa. In jenen Ländern, wo die führenden Männer die Lage erkannten, Verständnis für die Erfordernisse der Zeit hatten und zumindest einen Teil der neuen Gedanken aus eigenem Antriebe verwirklichten, erfolgte die Explosion nicht so gewaltig wie in Frankreich. Die führenden Kreise in Frankreich wollten die herannahende Gefahr nicht erkennen, und so fegten die niedergehaltenen Kräfte, — alles zerstörend, — die Hindernisse aus dem Weg. Als sich der Sturm gelegt hatte, begannen die Menschen nüchtern und mit klarem Kopf wieder mit der Arbeit. Die Politiker konnten ihrer Wege gehen, die Philosophen und Schriftsteller schufen ihre Meisterwerke, aus denen viel geistige Nahrung geschöpft werden konnte, und gleichzeitig setzte auf allen Gebieten eine fieberhafte Tätigkeit ein. Die Gewalten der Natur wurden der Reihe nach besiegt und die Macht von Raum und Zeit, — auf der materiellen Ebene, — vermindert. Riesige Lokomotiven bringen nun in rasendem Tempo die Menschen aus einem Land in das andere, — Sieg über die Entfernung der *Erde;* Ozeanriesen durchqueren die Weltmeere, — der Mensch wurde Herr der *Gewässer;* das Flugzeug ward erfunden, — der Mensch erobert die *Luft.* Die Entdeckung der Elektrizität gibt die Möglichkeit zu unzähligen Erfindungen. Telephon, drahtlose Telegraphie, Radio besiegen Raum und Zeit . . . Inzwischen erkannte die Menschheit, daß die Erde einer der kleinsten Planeten der Sonne ist, aber auch, daß die Sonne, — diese lebenspendende Energiequelle, — wie gigantisch groß auch im Verhältnis zur Erde, doch nur einer der kleinsten Fixsterne im Milchstraßensystem ist. — Und man fand sich mit diesen Tatsachen ab, ohne denjenigen auf den Scheiterhaufen zu treiben, der es wagte, diese Wahrheiten auszusprechen.

Wie klein ist die Erde, — wie winzig ist auf ihr der Mensch, — und doch, wie groß ist sein Wissen! — Nur eines kennt er nicht: *sich selbst!* —

Auf dem Seziertisch liegt eine handvoll grauweiße Materie: ein menschliches Gehirn. Welch gewaltige Kraft und welche Macht war in ihm wirksam gewesen, als es noch belebt war, — der menschliche Verstand . . . — Würden aber alle, auf der Welt lebenden, großen Gelehrten aufrichtig eingestehen, was sie über den Menschen selbst wissen, so müßten sie sagen: kaum etwas mehr als nichts! — Daher ist es verständlich, daß auf Erden das Unglück, die Unruhe und die Zahl der Menschen mit kranker Seele so groß ist. Wir können nicht mehr davor zurückweichen, uns selbst in die Augen zu schauen. Auch die Wissenschaft ist zu dem Punkt gekommen, wo die Frage steht: Was ist die Ursache, was ist der Urgrund, der da wirkt und schafft? — Mathematiker, Physiker, Chemiker, Biologen, denkende Köpfe aus allen Disziplinen sind so weit gekommen, daß das Gesetz der Logik in ihnen Antwort auf diese Frage verlangt.

Aber diese Frage und ihre Antwort bedeutet das Ende des Materialismus!

In der Seele der Menschen hat sich die Unhaltbarkeit materialistischen Denkens schon längst fühlbar gemacht. Die schrecklichen Leiden des Weltkrieges rüttelten sie auf. Solange man im Wohlstand der Friedenszeit lebte, wurde es nicht so offenbar, wie einsam der Mensch geworden ist. Die schweren Heimsuchungen aber zeigten, daß *Unglaube* zugleich *Kraftlosigkeit* bedeutet. Der ungläubige Materialist weiß nicht, woher er die Kraft zum Tragen schwerer Lasten nehmen soll. Seine Verbindung mit Gott ist gelockert, — die Nervenbahnen, welche die Strömungen des göttlichen SELBST vermitteln, sind verkümmert, — und so irrt der materialistische Mensch verzweifelt im Walde seiner eigenen Finsternis umher. Die Not zwingt ihn, Hilfe zu suchen, — und Gott *antwortet* dem *Suchenden!* Von den Soldaten des Weltkrieges haben sehr viele gelernt, daß es einen GOTT gibt! — Und sie brachten dieses Wissen vom Kriege heim. Unzählige Soldaten, die den Krieg überlebten, verdanken ihre Rettung sonderbaren und wundergleichen Ereignissen, die für den gewöhnlichen Verstand unerklärlich sind. Wie oft vernahmen wir solche und ähnliche Schilderungen: »Ich saß in meinem Unterstand und hörte plötzlich von außen ganz deutlich eine Stimme, die mich beim Namen nannte. Ich erhob mich und ging nachsehen, wer mich rufe. Ich sah aber niemanden. Im selben Moment schlug in meinen Unterstand eine Granate ein und vernichtete alles. Wäre ich dort geblieben, wären nur Blutspuren von mir übrig geblieben. Diese Stimme hat mich gerettet . . .!« — Solche Erzählungen sind keine Märchen freier Erfindung und keine hysterischen Hirngespinste. Männer, denen ähnliche Dinge zugestoßen sind, begannen unter der Einwirkung solcher Geschehnisse nachzudenken: »Siehe da, es gibt Kräfte, die uns nicht bekannt sind. Woher mögen sie aber kommen?« Es gibt Ärzte, die mit wegwerfender Handbewegung antworten: »Halluzination!« — Ein Wort, mit dem sie das überdecken, was sie nicht wissen. Was ist Halluzination? — durch *was* wird sie hervorgerufen? — und aus welchem Grunde entsteht bei einem Menschen eben dann eine Halluzination, wenn er sich unbewußt in Todesgefahr befindet, daß er dadurch dem Tode entgeht? — und warum zeigt sich bei einem anderen Menschen nichts und er ist verloren? . . .

Wenn der unwissende Gläubige zu denken beginnt, — wenn er den Pfad des Wissens betritt, — verliert er zunächst seinen Glauben, — den kindlichen, naiven Glauben. Aber mit zunehmendem Wissen findet er zum Glauben zurück, zu einem auf sicherer Basis ruhenden Glauben auf einer höheren Ebene. — Das göttliche Kind wurde von zweierlei Menschen angebetet: von den Hirten, — und von den Weisen aus dem Morgenlande. Auch heute gibt es diese zwei Gruppen: die ganz unwissenden, einfachen Menschen, und jene, die sehr viel wissen, die aber schon *gelernt haben, daß sie nicht alles wissen.* Menschen der Zwischenstufe dieser Gruppen kennen Christus noch nicht, denn der Mensch mit halbem Wissen meint, er wisse alles und wird von seiner Selbstherrlichkeit geblendet. Das Leid der Einsamkeit zwingt ihn aber weiterzuschreiten; sein Wissen nimmt zu und es kommt auch für ihn die Zeit, da

er vor dem, im eigenen Herzen geborenen, göttlichen Kind, auf die Knie sinkt.
Diesen Prozeß hat der Weltkrieg eingeleitet. Die während langer Zeit nur schwach besuchten Kirchen begannen sich mehr und mehr zu füllen und erwiesen sich als zu klein. In ganz Europa setzte deshalb das Bauen von Kirchen ein. Zusammenkünfte, in denen das Wesen und die Verwirklichung der christlichen Lehre im täglichen Leben erörtert wurden, nahmen zu. Die unrichtige seelische Einstellung des materialistischen Zeitalters begann aufzuhören, sogar bei solchen, denen die einfache Erwähnung von Glauben und Religiosität schon genügte, um die Gläubigen zum Gegenstand von Spott und Gelächter zu machen. Diese traurige Tatsache war besonders bei der Jugend augenfällig, deren allgemeine Unruhe und dem Leben gegenüber bekundete unersättliche Ungeduld bewies, wie sehr ihr der seelische Grund, — der Fels Christi, — fehlte, auf den sie hätte bauen können. Die sich in der Entwicklung befindende Jugend mußte ihren moralischen Kampf selber ausfechten, denn die jungen Leute waren in sehr vielen Fällen von Erwachsenen umgeben, die ganz und gar Sklaven ihres Körpers waren und mit allem Trachten und Streben nur die Befriedigung ihrer leiblichen Wünsche und Bequemlichkeiten vor Augen hatten. Auf diese Weise wurden die jungen Leute leicht zu Sklaven der Sexualität, nicht wissend, daß das Glück dort umsonst gesucht wird. Die einzige Hilfe wäre gewesen, wenn die jungen Menschen in ihren Heimen von Geburt an die belebende Kraft des Glaubens hätten einatmen können. Wenn aber die heranwachsende Generation sieht, daß alles Streben der Erwachsenen auf irdische Güter, auf Titel, Rang und Macht gerichtet ist, dies aber nicht mit dem Ziele, einer Gemeinschaft zu dienen, sondern die eigenen, selbstischen Ziele zu erreichen, — wie

kann man dann von dieser Jugend erwarten, daß sie im Leben höhere Ziele sucht? Goethe sagt: »Man könnt' erzogene Kinder gebären, wenn die Eltern erzogen wären!« Die Generation des materialistischen Zeitalters wußte nicht, und glaubte vor allem nicht, daß das Leben einen höheren Zweck haben könnte — »Was nützt es mir, daß sich Christus vor 2000 Jahren kreuzigen ließ? Ich will leben . . .!«, gibt sie denen zur Antwort, die versuchen, über Christus zu sprechen, denn sie weiß nicht, daß Christus das Leben ist, — und wer »leben« will, muß zunächst Christus suchen, — aber nicht den vor 2000 Jahren gekreuzigten, — sondern *den auferstandenen, den auch heute und ewig lebenden Christus,* der der einzige Erlöser ist, — und jene, die so reden, schlugen Christus vor 2000 Jahren und schlagen ihn auch heute noch *in sich selbst* ans Kreuz.

In allen Ländern Europas gibt es Jugendvereinigungen, die ersprießliche Arbeit leisten, es gibt gute Schulen, Erziehungsanstalten, Pfadfindertum und ähnliche Einrichtungen, um die Heranwachsenden in der Moral, im Kameradschaftsgeist zu stärken und zu erziehen, daß sie, der Nächstenliebe dienend, selbstlose Pfeiler ihrer Nation werden. Wir sehen aber, daß die aus materialistischen Familien kommende Jugend, sobald sie den Jugendvereinigungen entwachsen ist, die mit soviel Sorgfalt beigebrachte Religiosität nach und nach abstreift und eine sonderbare Auffassung bekommt, als ob Glaube und Religion etwas Beschämendes an sich hätten. Und jene, die noch gläubig sind, werden bemüht sein, dies möglichst geheim zu halten. Oft hört man von sonst ernsten Männern die Erklärung: »Das gehört nicht hierher«, — als wäre der Glaube eines ernsten Mannes unwürdig. Warum wohl? — Wie kann der Glaube vom Leben getrennt werden? Wieso »gehört dies nicht hierher?« — Wo doch der Glaube die Quelle des Lebens ist!

Der Fehler beginnt, wo das Leben von der Basis, dem Glauben abgleitet. Im Orient ist die seelische Katastrophe, ein Nervenzusammenbruch etwas Unbekanntes und doch werden die Menschen dort vom Elend, von Elementarkatastrophen wie Feuersbrunst, Hochwasser, Hungersnot und Epidemien reichlich heimgesucht. Grund genug zum Versagen der Nerven! Sie ertragen aber die Schicksalsschläge mit einem tiefen Gottesglauben. GOTT ist *Wirklichkeit* und segnet, die an IHN glauben, mit Kraft und Seelenfrieden. Wo Nervenzusammenbrüche an der Tagesordnung sind, ist die Verbindung mit Gott gelockert. – Auch der kräftigste Baum stirbt langsam ab, wenn seine Wurzeln durchschnitten werden. *Des Menschen Wurzel ist der Glaube, wodurch* er *Kraft schöpft aus Gott.* – Die Menschen des materialistischen Zeitalters waren nicht bedacht, ihre Seele zu entwickeln und seelische Erfüllung zu erlangen, sondern all ihr Streben war darauf gerichtet, reich zu werden. Und so betrachtete auch die Jugend beim Aufbau ihrer Zukunft als wichtigsten Lebenszweck die Bereicherung. Bei der Berufswahl wurde entscheidend, ob in einem Beruf »gut verdient« wird. Hätte man sich nicht *nur dies* vor Augen gehalten, wahrlich, es gäbe mehr glückliche Menschen in Europa!

Das materialistische Zeitalter hat sich aber selber zerrieben, denn die seelische Entkräftigung, die es verursacht hat, zwang die Menschen zu einem weiteren Fortschritt. Die belebende Idee des neuen Zeitalters, die kollektiv ausgebaute Gemeinschaft, hat sich unbemerkt eingeschlichen und verwirklicht.

Dem Fremden, der die Welt des Westens bereist, wird eine sonderbare Tatsache auffallen. Jede Lebenseinrichtung der neuen Zeit ist eigentlich auf das Gesetz der Nächstenliebe aufgebaut, – doch ist man sich dessen nicht bewußt. Die

Einrichtungen sind so, daß sie ohne Liebe nicht bestehen können. Man merkt nicht, daß das ganze europäische Leben schon auf den Gemeinschaftsgedanken gegründet ist, daß hier schon alles gemeinsam ist, — *es fehlt nur, daß es nicht aus Zwang, sondern aus Liebe erfüllt werde!* Europas Weg zur Erlösung ist der Weg des Kollektivismus. Uns Menschen des Orients ist dies um so augenfälliger, weil wir in einer andersgearteten Welt aufgewachsen sind.

In Europa ist alles kollektiv. Die Kinder erhalten schon in der Schule kollektive Erziehung. Vierzig bis fünfzig Schüler lernen in einer Klasse zusammen und sämtliche Klassen der Schule, oft 500—800 Kinder, sind in einer Einheit zusammengefaßt. Schon von klein auf lernen sie Kameradschaftlichkeit, Gleichheit, und daß sie zusammengehörige Teile eines großen Ganzen sind. Auch in Hochschulen wird kollektiver Unterricht erteilt. Bestimmte Städte, wo die lernende Jugend sich versammelt, sind Schulzentren mit vielen tausend Hochschülern, die an dem allgemeinen Unterricht teilnehmen. Im Orient war es seit Jahrtausenden Brauch, daß ein großer Gelehrter oder Meister einige auserwählte Schüler um sich versammelte, sich einzeln mit ihnen befaßte, — und sie in die Geheimnisse der Wissenschaft einweihte. Es gab Wissenszweige, in denen der Vater sein Wissen nur dem Sohn übertrug und anderen nur in den seltensten Fällen.

Die Miethäuser in Europa sind gemeinschaftliche Wohnhäuser. Gibt es doch Häuserblocks, in denen die Zahl der Bewohner Hunderte erreicht. Übereinander, neben- und untereinander wohnen die Menschen und erleben so die Zusammengehörigkeit mit dem Nächsten. Gerät ein Bewohner in Not, stehen ihm die Nachbarn bei und helfen, wo sie können, — oder wenigstens sollte es so sein! —

Im Osten wohnten die Menschen Jahrtausende hindurch

allein, der arme Mensch in einer kleinen Hütte, der Reiche in einem prächtigen Schloß, aber gesondert von den übrigen.
Im Westen sind auch die Zerstreuungen gemeinsam. Große Gesellschaften versammeln sich, Männer, Frauen und junge Leute unterhalten sich zusammen, spielen Karten, essen, trinken und tanzen und ergehen sich in gemeinsamem Vergnügen. Im Osten war gemeinsame Zerstreuung etwas Unbekanntes. Die Gäste werden vom Manne empfangen, Frauen und Töchter ziehen sich in ihre Zimmer zurück. Der Mann des Ostens zeigt seine weiblichen Familienmitglieder sogar seinen Freunden nur ungern.
Im Westen haben sich jene Gewerbe hoch entwickelt, die kollektive Arbeit erfordern. In mächtigen Fabriken und Fabrikanlagen arbeiten tausend und abertausend Menschen, und die Produkte gehen durch viele Hände, bis sie die Fabrik verlassen.
An der Pariser Weltausstellung sah ich Prachtstücke der europäischen Teppicherzeugung. Ich erkundigte mich, wie diese Teppiche hergestellt werden. Da wurde ich belehrt, daß einer die Schafe schert, ein anderer die Wolle wäscht, ein anderer den Faden spinnt, und wieder ein anderer das Garn färbt. In Tischlerwerkstätten werden die Webstühle erzeugt, besondere Künstler entwerfen die Muster, und schließlich wird der Teppich wieder von anderen gewoben. *Zur Herstellung eines Teppichs sind somit Hunderte von Menschenhänden erforderlich.*
Im Orient, am Bergeshang, schert der Ziegenhirt seine Tiere, spinnt aus der Wolle das Garn, färbt mit selbstgekochter Farbe, zimmert aus Bambus einen Rahmen, spannt das Garn und beginnt das Weben ohne Muster, so wie er nachdenkend fühlt, welche Farbe und Form zu nehmen sei. Jedes Muster ist eine Offenbarung seiner Seele, Ausfluß des Wirkens innerer Gesetze, wie etwa die Form des

Schneekristalls oder die Farbe der Blume. Ist der Teppich fertig, läßt er sich darauf nieder, und, sich niederbeugend, sendet er in tiefer Demut sein Dankgebet zum Schöpfer.

Im Westen ist das Leben gemäß der Bibellehre aufgebaut: »Denn wie wir an dem einen Leibe viele Glieder haben, aber nicht alle Glieder den gleichen Dienst verrichten, so bilden wir viele zusammen einen Leib in Christus, einzeln aber sind wir Glieder untereinander« (Röm. 12/4,6). Wie wunderbar, dies zu erleben! – zu verstehen, daß wir Teile eines großen Ganzen sind, daß wir zusammengehören wie Hand und Fuß, – Glieder *eines* Körpers! – In meinem Mitmenschen nicht einen abgesonderten Fremden, sondern *einen Teil meines SELBST zu sehen, ebenso wie ich von ihm ein Teil bin!* – Die große Verbrüderung zu erleben und zu erkennen, daß wir alle Wanderer sind nach einem gemeinsamen Ziel, – wenn auch unsere Wege mitunter verschieden sind und der eine in Stiefeln, ein anderer in Schuhen oder gar barfuß geht – einander die Hände zu reichen und zu helfen, das Leben schöner, besser und leichter zu gestalten! –

Das auf die Gemeinschaft gebaute Leben ist ein Himmelreich, wenn jeder sich dieser Einheit bewußt ist und *nicht danach strebt, die Individualität des andern zu unterdrükken,* sondern bemüht ist, einzelnen zur Entfaltung ihrer Talente zu verhelfen, und die Gemeinschaft liebevoll zu verwirklichen und zum Ausdruck zu bringen. Es ist aber eine Hölle, wenn die Menschen lieblos und aus Zwang in einer Gemeinschaft leben, denn statt der gegenseitigen Förderung, die vorwärts bringt, wird ihnen Behinderung, die den Fortschritt hemmt.

Die christliche Liebe ist auf die Einheit des göttlichen Selbstbewußtseins gegründet. Wer mit der Allgemeinheit im göttlichen SELBST vereinigt ist, wird durch die Entfaltung seines Selbstbewußtseins auch seine Liebe auf jeden und alles ausstrahlen. Die Nächstenliebe ist eine Eigenschaft des göttlichen ÜBERSELBST. Jesus von Nazareth wußte genau, daß er der Masse umsonst von der unterbewußten und überbewußten Welt oder von der psychologischen Tatsache des Überselbst sprechen würde. Sie hätte ihn nicht verstanden. Er wollte aber *der ganzen Menschheit helfen, nicht nur jenen, die — einzeln — den engen, mühsamen und steilen Pfad des Selbstbewußtwerdens beschritten haben.* Für die Masse aber, die nicht fähig ist, in die höheren geistigen Ebenen emporzugelangen, besteht die einzige Erlösung darin, die Gesetze des Überselbst zu *verwirklichen.* Es ist nicht nötig, daß sie die Wahrheit mit ihrem Verstand erfaßt, — wenn sie nur bemüht ist, die Nächstenliebe zu erleben und danach zu handeln. Dies wird sie schon mit so viel guter Kraft erfüllen, daß diese, rückwirkend, ständig das Bewußtsein hebt und weitet. Jesus wußte, daß die große Menge nicht reif genug sei, um über den *Pfad des Wissens* Weisungen zu erhalten. Er weihte nur seine Jünger ein. Mit ihnen sprach er offen, ohne Gleichnisse, ihnen zeigte er die Wahrheit, das Wissen. Es heißt in der Bibel: »So sprachen seine Jünger: ›Jetzt redest Du offen und gebrauchst kein Bild mehr. Jetzt wissen wir, daß Du alles weißt‹« (Joh. 16/29). Zu den primitiven Menschen sprach Jesus nur in Gleichnissen und sagte ihnen nicht alles, sonst hätten sie ihn mißverstanden: »Noch vieles hätte ich euch zu sagen, aber ihr könnt es jetzt nicht ertragen« (Joh. 16/12). *Solange wir nicht zu Gott gelangen, — bis wir nicht eins mit IHM sind, solange ist das einzige Band, das uns mit Gott verknüpft, der GLAUBE. Wenn wir aber unser Ziel erreicht haben, ist dieses Band nicht mehr nötig, — der Glaube verwandelt sich in WISSEN!*

Dann und wann gelangte auch im Westen eine reife Seele

vom Glauben zum Wissen, auch hier lebten und leben noch heute große Heilige und Mystiker. Sie erlebten in heiliger Verzückung das ÜBERSELBST, ebenso wie die Yogis des Ostens in dem Zustand, der Samadhi genannt wird. In den seltensten Fällen aber geschah es, daß nach ihnen auch ein Schüler diesen Grad erreicht hätte, und durch den Tod des im göttlichen Selbstbewußtsein lebenden Heiligen wurden die Glieder der Kette einer lückenlosen Folge des Eingeweihtseins unterbrochen. Zum Beispiel fanden der heilige Johannes vom Kreuze, die große Therese vom Karmel, Franziskus von Assisi, die Sankt Hildegard und andere und die mündlich erfolgten Einweihungen der Mystiker der Rosenkreuzer keine Fortsetzung. Europa war noch jung und es gab wenig reife Seelen.

Den Weg Europas, den Weg der Gemeinschaft, hat das Schicksal bestimmt. Etwas Großes, Schönes und Bleibendes kam immer dann zustande, wenn zumindest einige Menschen sich selbstlos zusammengetan haben, um eine erhabene Idee zu verwirklichen. Stets wurde solch geeintes Bemühen mit herrlichen Erfolgen und mit Segen gekrönt. Und der Segen ruhte auf dem gemeinsamen Wirken, solange vom Wege der Selbstlosigkeit und des Zusammenhaltens nicht abgewichen wurde. Im Moment aber, wenn persönliche Ziele oder Machtstreben in den Vordergrund traten, setzten Verfall und Vernichtung unerbittlich ein.

Die Lehre Christi schlug in Europa ihre Wurzeln. Hier durchtränkten sich zuerst die Menschenseelen mit den erhabenen Ideen Christi, die ständig, — wenn auch nur im Unterbewußtsein, — im täglichen Leben tätig und wirksam sind. Der Erbauer der ersten Mietkaserne wollte, sicherlich nicht bewußt, durch das Errichten eines gemeinschaftlichen, mehrstöckigen Miethauses, das Gesetz der Nächstenliebe Christi verwirklichen. Er wollte einfach den Raum besser

ausnützen, da die Bevölkerung zu dicht wurde. Auch das ist schicksalhaft, daß sich solche Lebensumstände entwickelten, die den christlichen Westen zu einem, auf Gemeinschaft gegründeten Leben zwangen. Die »Umstände« sind oft nur Offenbarungsformen, hinter denen der Wille Gottes wirkt. Das göttliche Gesetz wirkt in den Tiefen der Herzen verborgen, und scheint es auch sehr oft von anderen Gründen überdeckt, schließlich wird es doch zur Geltung kommen.
Die ganze Lebenseinrichtung Europas ist kollektiv. Sein Weg ist die Verwirklichung der Nächstenliebe in der Gemeinschaft.

DER WEG DES WESTENS IST DER GEMEINSCHAFTLICHE WEG!

VIERTES KAPITEL

Die zwei Wege begegnen sich

»Denn gleich wie der Leib ohne Geist tot ist,
also ist auch der Geist ohne Leib ohnmächtig.«

Der Weg des Ostens ist der individuelle Weg.
Der Weg des Westens ist der Weg der Gemeinschaft.
Welcher Weg ist der richtige, welcher der bessere?
Der Mensch in sich selbst ist ein Individuum, aber gleichzeitig ist er ein Teil des Ganzen. Welchen Weg soll er also befolgen?

ALLE BEIDE!

Als Individuum beschreitet er den inneren Weg der Seele, den individuellen Weg, — als Mitglied der Menschheit soll er den gemeinsamen Weg gehen. *Keiner der Wege bedeutet eine Lösung ohne den anderen Weg!* Die zwei Wege müssen sich treffen, ineinanderfließen, denn keiner ist vollkommen ohne den andern, — der eine ist Ergänzung, Erfüllung des anderen. *Der gemeinsame Weg unterdrückt die Persönlichkeit und ist leer, wenn der innere Weg nicht für den Inhalt sorgt — die Ergebnisse des individuellen Weges können sich aber nur auf dem gemeinsamen Weg manifestieren!*
Die Menschheit ist ein großer Körper, der Körper des Lo-

gos. Dieser Körper besteht aus Zellen, und wenn diese Zellen nicht einzelweise günstige Lebensbedingungen vorfinden, dann beginnen sie zu verkümmern und mit ihnen der ganze Körper. Jede einzelne Zelle muß leben und gesund sein, um ein nützlicher Teil des großen Ganzen sein zu können. Die Zelle benötigt aber, um zu leben und gesund zu sein, das Zusammenwirken des großen Ganzen. Der Zusammenhang zwischen Individuum und dem großen Ganzen ist so groß, daß sie untrennbar voneinander sind. Wie könnte zum Beispiel im menschlichen Körper eine Leberzelle gesund, stark und lebensfähig sein, wenn die übrigen Teile des Ganzen nicht für die entsprechende Ernährung dieser Zelle sorgen würden. Die Gesundheit jeder einzelnen Leberzelle hängt von der genauen Zusammenarbeit des Gehirns, der Lunge, des Magens, der Gedärme und aller übrigen Organe ab, — und die Funktion von diesen hängt wiederum von der Arbeit der Leberzellen ab. Wie könnte das große Ganze die Zellen seines Körpers mit der nötigen Nahrung versehen, wenn die einzelnen Zellen ihre Pflicht nicht auf das gewissenhafteste tun würden? Es genügt aber nicht, daß die einzelnen Zellen ihre Versorgung vom großen Ganzen erhalten, sondern es ist ebenso wichtig, daß jede Zelle *jene* Arbeit verrichtet, für die *sie* geeignet ist. Der Körper kann von einer Leberzelle nicht verlangen, jene Arbeit zu leisten, die den Nierenzellen vorbehalten ist, sie ist nicht dazu geschaffen, — und wird sie gezwungen, so erkrankt sowohl die Leberzelle, wie auch die Niere und der ganze Körper. *Es liegt im allgemeinen Interesse, daß jeder die ihm entsprechende Arbeit verrichtet.*

Die Menschheit kann nur glücklich werden, wenn jedes einzelne Mitglied der menschlichen Gemeinschaft jene Möglichkeiten erhält, die es benötigt, um seine persönlichen Werte zu entfalten und *wenn es jene Arbeit tun kann, für die es geboren ist! Wenn die einzelnen Menschen sich in der Richtung entwickeln können, für die sie geeignet sind, dann können sie in ihrer Arbeit eine viel höhere Stufe erreichen, als wenn sie zu einer Tätigkeit gezwungen werden, die ihnen nicht liegt. Am richtigen Platze werden sie mit Freude schaffen und ihr Werk wird vollkommener und für die Gemeinschaft nutzbringender sein. Die Wohlfahrt des Körpers ist das Interesse der Zelle und die Wohlfahrt der Zellen ist das Interesse des Körpers!*

Verstehen wir unseren Körper, so haben wir auch die Wiedergeburt, die Reinkarnation verstanden. Die Zellen unseres Leibes leben eine Zeit hindurch, dann sterben sie ab und an ihre Stelle kommen andere Zellen, die mit der Zeit wieder vertauscht werden. Die Einheit und das Leben des Körpers ist kontinuierlich, ununterbrochen, solange das menschliche SELBST im Körper residiert. Im Körper eines erwachsenen Menschen ist keine einzige Zelle mehr dieselbe, wie sie in der Kindheit war. Nur das SELBST ist dasselbe. Das SELBST verleiht den Zellen das Leben, denn sobald sich eine Zelle von dem vom SELBST belebten Körper absondert, geht sie zugrunde. *Das Leben aber, das die Zelle belebt hatte, stirbt nicht, sondern belebt weiter eine andere Zelle.*

Die einzelnen Menschen sind die Zellen der Menschheit, und die Menschheit ist der Körper des Logos, nach westlicher Benennung Zellen des Körpers Christi. In der christlichen Ausdrucksform ist Christus das die Menschheit belebende universelle SELBST. Im Tod löst sich unser Leib vom großen Ganzen ab, das Leben aber, das die Person als unser »Ich« belebte, bleibt immerwährend lebendig im ÜBER-SELBST. Wer sein Bewußtsein mit dem Körper identifiziert, der kommt beim Absterben des Leibes in einen schlafähnlichen Zustand. Apostel Paulus sagt: »Siehe, ich sage euch ein Geheimnis: Wir werden nicht alle entschlafen, wir werden aber alle verwandelt werden« (1. Kor. 15/51). Wer sein Bewußtsein also im ÜBERSELBST erlebt, der hört beim Absterben des Leibes nicht auf, von seinem weiteren Sein Kenntnis zu haben, sondern behält auch weiterhin ein fortdauerndes Selbstbewußtsein. Das eingeschlummerte Selbstbewußtsein aber erwacht erst dann wieder zu sich selbst, wenn es in einen neuen Körper gekleidet, das heißt, — reinkarniert, — wiedergeboren wurde. Christus sagt: »Wer an MICH glaubet, der wird leben, ob er gleich stürbe‹ (Joh. 11/25). Christus ist unser unsterbliches SELBST, mit welchem Namen wir Ihn auch nennen mögen.

Der Mensch ist ein Verbindungsglied zwischen der geistigen und der materiellen Welt. Sein SELBST ist geistig, also muß er den Weg des Selbstbewußtseins zu Ende gehen, — das ist Yoga, — aber als Mitglied der materiellen Welt muß er sich vervollkommnen und seine Fähigkeiten in den Dienst der Nächstenliebe stellen, denn das höhere SELBST manifestiert sich als Nächstenliebe durch die Materie. — Die innere Einheit empfinden wir in uns als universelle Liebe.

Osten und Westen lebten Jahrtausende hindurch in einer so großen Entfernung und Isolierung voneinander, daß jeder Erdteil sich ungestört auf seinem eigenen Weg entfalten konnte. Die Entwicklung bewirkte aber, daß eines Tages die Entfernungen auf Erden zusammenschrumpften und die Geschichte brachte die zwei Welten miteinander in Berührung. — Wie groß ist die Weisheit des Schöpfers! — Die geistige Begegnung der beiden Welten war wohl eine Notwendigkeit, aber mit diesem Ziel wäre kein einziges Schiff ausgefahren, um den weiten Ozean zu bezwingen. Denn der Osten wurde nicht seiner geistigen, sondern seiner märchenhaften irdischen Schätze wegen, von den Menschen des Westens überflutet, — und keine der beiden Welten ahnte,

daß die im Menschen wirkende Begierde nach irdischen Gütern, in der Hand des Allmächtigen, sich zu unermeßlichen, geistigen Schätzen verwandeln würde.
Mit den Kauffahrern kamen auch Missionare, Gelehrte, Schriftsteller und Künstler nach Indien . . . und so begann die Fühlungnahme der beiden Welten. In der Bibel lehrt Christus zwei Wege: den Weg des SELBST: »ICH bin der Weg, die Wahrheit und das Leben« (Joh. 14/6), dies ist der innere, individuelle Weg — Yoga — der Weg des Ostens. Und den zweiten: »Du sollst deinen Nächsten lieben wie dich selbst« (Matth. 5/43), dies ist der äußere, gemeinsame

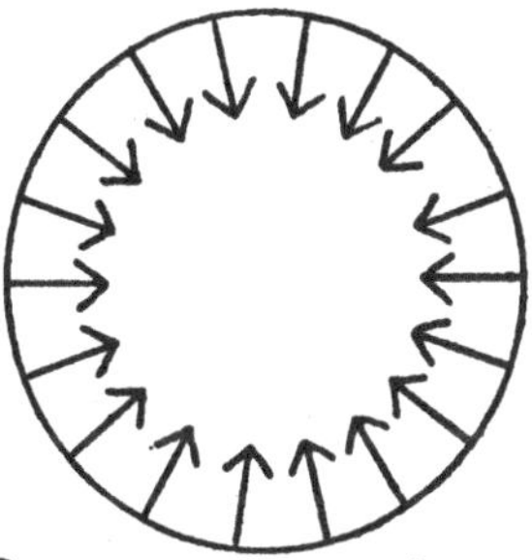
Gemeinsamer Weg

Individueller Weg

Die zwei Wege treffen sich

Erfüllung

Weg — der Weg des Westens. Unser Leben wird nur dann vollkommen sein, wenn wir beide Lehren Christi erfüllen. Jeder der zwei Wege enthält in sich den anderen, jedoch erst, wenn wir *am Ende des jeweiligen Weges angelangt sind.* Der eine Weg verwirklicht die Einheit von außen nach innen, der andere von innen nach außen. Solange die Menschheit die Vollkommenheit nicht erreicht, gibt es *scheinbar* zwei Wege. Wenn wir auf beiden Wegen gehen, so erreichen wir die Vollkommenheit, — wo die Wege eins werden, — viel rascher.

Die Menschen des Westens brachten dem Osten den gemeinsamen Weg und nahmen den von den Menschen des Ostens erlernten individuellen Weg: Yoga, mit sich.

Die beiden Menschengattungen fürchteten sich voreinander und erblickten, jede in der anderen, einen Feind. Sie bestaunten sich gegenseitig wie eigenartige Wundertiere. Es erübrigt sich zu forschen, von welcher Seite die Angst berechtigt war. *Zweck dieses Buches ist, aus allem das hervorzuheben, was befolgenswert, was lehrreich ist und vorwärtsbringt.* Vorwürfe unterbinden die Einheit und wir sollen nicht danach sehen, was gewesen ist, sondern was kommen muß. Seien wir bemüht, dies so schnell als möglich zu verwirklichen.

Als die Westländer nach dem Osten fluteten, isolierten sich die vornehmen Inder von den weißen Menschen vollkommen. Die Weißen aber betrachteten die Inder nicht als gleichwertig, weil die Hautfarbe der Menschen aus dem Morgenlande dunkler ist, und auch, *weil sie nur mit Menschen aus den niedrigeren Kasten zusammenkamen und deshalb von der hohen Bildung und dem entwickelten Niveau der Geistigkeit vornehmer Inder keine Ahnung hatten.* Selbstredend gelangten Westländer dieser Denkweise auch nicht einmal in die Nähe großer Yogis oder Meister. Das Hochland des Himalaya ist ein guter Schutz gegen Eindringlinge. Somit verwechselten sie die Fakire und Schlangenbeschwörer, die an jeder Straßenecke zu finden sind, mit den Yogis, und verpflanzten dieses Mißverständnis in das allgemeine Bewußtsein des Westens. Es bedurfte einer langen Zeit, bis die Abendländer ihren Irrtum erkannten. Der Durchschnittseuropäer kann aber auch heute noch keinen Unterschied zwischen Fakiren und Yogis machen.

Mit der Zeit kamen aber immer mehr Menschen aus dem Westen nach dem Osten. Auch solche mit einer kultivierten Seele, die angesichts der wunderbaren, uralten Kunst Indiens erkannten, daß ein Volk, welches so gewaltige Schöpfungen aus sich hervorbringen konnte, keinesfalls untergeordnet sein kann. Und sie begannen, nicht aus Neugierde nach einem Exotikum, sondern mit ernstem Interesse und mit Wertschätzung, sich den Indern zu nähern. Zu solchen Männern faßten die Inder Zutrauen. So erkannten sie beiderseits, daß der andere genau so ein Geschöpf Gottes ist wie er selbst, und es entstand zwischen einzelnen eine intime Freundschaft. Allmählich änderten sich so die Meinungen und Auffassungen zum gegenseitigen Vorteil.

Der Osten hat den Weg der Westländer, also den kollektiven Weg, zuerst durch die christliche Erziehung kennengelernt. Werfen wir nun einen Blick darauf, wie Indien auf die christlichen Ideen reagierte.

Anfänglich schadete in großem Maße, — und es schadet auch heute noch, wo dies geschieht, — daß die Missionen von verschiedenen Konfessionen gegeneinander arbeiteten, daß jede verkündete, die andere ginge den falschen Weg, den man nicht befolgen solle, und daß sie kein Hehl aus ihren gegenseitigen feindlichen Gefühlen machten. Der Inder konnte dies nicht verstehen. Beide Missionen verkün-

deten Liebe und Christentum, — und trotzdem äußerten sie sich schmählich über die andere, *auch* christliche Konfession. Ein großes Übel war auch, daß zunächst jene nach Indien strömten, die von Gewinnsucht getrieben nach dem Osten kamen, also auf materiellen Gewinn eingestellte, habsüchtige, egoistische Menschen. Die Inder sahen, daß *die Menschen des Westens das Christentum zwar verkünden, daß sie aber ganz im entgegengesetzten Geiste leben!* Sie verkünden, daß wir alle in gleicher Weise Kinder Gottes sind, — sie verkünden wohl die Nächstenliebe, — *aber sie verachten den Inder und stempeln ihn zum Angehörigen einer untergeordneten Rasse.* Sie verurteilen das Kastensystem der Inder, *stellen aber gleichzeitig die »Kaste der weißen Menschen« auf und setzen diese an die höchste Stelle.* — Zugleich verkünden sie aber: »Wer sich selbst erhöhet, der wird erniedrigt werden . . .« (Matth. 23/12).
Den Indern kam dies alles sehr widersinnig vor und so verschlossen sie sich vor dem Christentum des westlichen Menschen. Kam aber eine wirklich große Apostelseele und machte den christlichen Glauben auch in der eigenen Lebensführung wahr, so gewann sie durch selbstlose Arbeit viele Inder für die Schönheiten des christlichen Gedankens. Allmählich dämpften die Missionare ihren gegenseitigen Haß, sie gründeten Schulen, schufen Arbeitsgelegenheiten, halfen den notleidenden Indern und belehrten sie über geistige und körperliche Hygiene. Solche Arbeit war überzeugend für die Inder und sie faßten zusehends Vertrauen zu den christlichen Missionaren.

Angehörige höherer Kasten sind auch heute schwer zu gewinnen. Wie im Gleichnis vom Sämann, der ausging um zu säen, »Etliches auf gutes Land fiel« und trug hundertfache Frucht, so dürfen wir nicht vergessen, daß ein Same, der aus einer anderen Erde verpflanzt wird, wenn er noch so gut wurzelt und wächst, sich wandelt und der neuen Umgebung anpaßt. Die Mitglieder höherer Kasten wurden durch die Umstände gezwungen, ihren Kindern eine englische Erziehung geben zu lassen. Als diese Kinder Erwachsene waren, ließen sie ihre Kinder nicht mehr aus Zwang, sondern aus weiser Voraussicht englisch erziehen. Sie erkannten, daß dem kollektiven Erziehungssystem des Westens große Werte innewohnen. Das Kind erlebt die Zusammengehörigkeit mit den andern, es fühlt, daß es eine Zelle im großen Ganzen ist und unterordnet seine persönlichen Wünsche unversehens, ohne Anstrengung, den Interessen der Allgemeinheit. Es lernt die reinen Freuden des gemeinschaftlichen Lebens kennen. In jedem Kinde lebt instinktiv der Wunsch, seine Gefühle mit jenen zu teilen, die es liebt. Gewinnen wir das Vertrauen eines kleinen Kindes, so wird es hinlaufen, sein Spielzeug herbeibringen, um sein Glück mit uns zu teilen. Gibt es wohl eine größere Freude für das Kind und auch für den Erwachsenen, als das Gesellschaftsspiel? Lachen wird zu einer größeren Freude, wenn mehrere zusammen lachen. Und der Schmerz wird leichter, wenn er gemeinsam getragen wird. In der Tiefe der menschlichen Seele ruht das ÜBERSELBST, und dessen Wahrheit offenbart sich in uns instinktiv in der Bestrebung nach dem Gemeinschaftsleben. Das kollektive Schulsystem verwirklicht in der Gesellschaft der Kinder das Einheitsgefühl, man könnte sagen, in fast vollkommener Weise. Wie groß kann der Zusammenhalt unter den Jungen in einer Klasse sein! Edelste Triebe des Gefühls für Spielgefährten und Mitstudenten bilden sich während gemeinsam verbrachten Schul- und Studienjahren bewußt heraus. — Forscher der Seelenkunde wissen, wieviele Arten seelischer Krankheiten sich bei einem einsamen Kinde entwickeln können. Dies ist ebenfalls ein Beweis, daß der Mensch in eine Einheit gehört. Wenn er von dieser gesondert, ausgeschlossen wird, verkümmern seine Lebensenergien, er wird krank, und in der Regel kann die rascheste Heilung dadurch erzielt werden, daß ein solch gemütskrankes Kind in eine gute Institutserziehung, also in Gemeinschaftserziehung gegeben wird. In Indien ist das Problem des einzigen Kindes kaum zu befürchten, denn der Inder ist voll tiefer Religiosität und vom Glauben so durchdrungen, daß er den Kindersegen nicht meidet. Für die indische Frau ist das Kind ein Heiligtum, und es würde ihr nie in den Sinn kommen, etwas gegen die Fruchtbarkeit zu unternehmen, etwa aus dem Grunde, die »Linie« zu wahren, — um so weniger, als in Indien die Äußerlichkeit in der Liebe keine solche Rolle spielt, und eine Frau gar zu befürchten hätte, die Liebe ihres Mannes zu verlieren, wenn sich ihre mädchenhafte Gestalt durch den Kindersegen verändert. Die indischen Familien haben meist fünf bis sechs Kinder. Das »einzige Kind« ist so selten, daß dieser pathologische Typus dort kaum gefunden wird. Auch die Familiengemeinschaft ist wieder etwas anderes, als die Gemeinschaft in der Schule. In der Familie beruht sie auf Bindungen des Blutes, während sie in der Schule durch die menschliche Zusammengehörigkeit geschaffen wird. In Indien, wo sich in den englischen Schulen Kinder verschiedener Menschenrassen treffen, ist dies von besonders großer Bedeutung.

Das Pfadfindertum in Indien stand unter hervorragender Leitung und die Jungen lebten tatsächlich in vollkommener Gleichheit, gegenseitiger Wertschätzung und Brüderlichkeit beisammen. Ich weiß aus eigener Erfahrung, welch tiefen Eindruck der im Pfadfindertum herrschende Kameradschaftsgeist auf die Inder machte.

Ich war zehn Jahre alt, als ich, aus der Schule kommend, in einem großen Garten Knaben verschiedenen Alters in größeren und kleineren Gruppen spielen und arbeiten sah. Ich wagte nicht, mich ihnen offen zu nähern, so schlich ich mich im Gebüsch heran und beobachtete sie. Tage hindurch harrte ich jeweils nach Schulschluß in meinem Versteck aus. Selbstvergessen bestaunte und genoß ich das Spiel der Knaben und bemerkte nicht, als plötzlich ein Mann neben mir stand und mich bei der Hand faßte. Ich war zu Tode erschrocken und begann zu jammern: »Lassen Sie mich, lassen Sie mich los, ich habe nichts getan, tun Sie mir nichts, — ich komme nie wieder, nur lassen Sie mich los.« — Es war ein Engländer mit einem gütigen Gesicht: Mr. Oakley, Leiter der Pfadfinder. Er war in jeder Weise bemüht, mich zu beruhigen, — noch jetzt sehe ich sein gütiges Gesicht vor mir, wie er mir zusprach: »Ich tue dir ja nichts, ich liebe dich, komm mit mir, fürchte dich nicht!« — Aber umsonst. Ich glaubte ihm nicht, denn ich war ernstlich besorgt, er wolle mich der Polizei übergeben, — ihr Quartier war nämlich das Nachbarhaus, — und all meine Kraft zusammennehmend riß ich mich los und rannte wie ein gehetztes Wild nach Hause. — Doch das Pfadfindertum wirkte mit magischer Anziehungskraft auf mich. Unzählige Male sah ich meine Schulkameraden beim Aufmarschieren an Pfadfindertreffen, und stets bewunderte ich sie mit schmerzlichem Neid. Einige Tage später konnte ich es nicht länger ertragen, ich saß wieder im Gebüsch und beobachtete, mit Sehnsucht im Herzen, die Jungen. Vergebens war alle Vorsicht. Mr. Oakley stand plötzlich hinter mir, hielt mich mit beiden Armen fest, und es gab kein Entrinnen. Wieder begann ich zu schreien, er solle mich doch loslassen. — Da sagte er, und seine Miene war traurig: »Geh doch nicht weg, das würde mir weh tun. Ich liebe dich doch. Wenn du gehst, werde ich traurig sein. Komm lieber herein. Ich werde dir alles zeigen, auch die Höhle der ›Pimpfe‹«. — Ich war sehr überrascht . . . — Es wird ihn wirklich schmerzen, wenn ich gehe? — Wie kann das sein? — Die Engländer verachten uns doch, wieso würde es diesem vornehmen Herrn weh tun, wenn ich ginge . . .? — Halb aus Verwunderung, halb aus Neugierde, was wohl in dieser »Pimpfhöhle« los sein könnte, duldete ich, daß er seinen Arm um meine Schultern legte und mich hineinführte in den herrlichen Bungalow zum Teetisch. Meine Furcht war noch nicht gebannt. Er redete mir freundlich zu, ließ mich am Tisch Platz nehmen und goß Tee ein; — ich war aber sehr zurückhaltend, ich fürchtete noch immer, daß schließlich eine schreckliche Sache herauskommen werde, und ich hätte den Tee um nichts auf der Welt angerührt. Mr. Oakley versuchte, mich zu ermutigen; als er meinen Argwohn sah, sagte er zu mir: »Trink nur deinen Tee. Ich habe meinen schon getrunken. Während du austrinkst, werde ich mein Gemälde vollenden« — Tatsächlich nahm er an einer Staffelei Platz und arbeitete an dem angefangenen Bild, als wäre ich gar nicht anwesend. Als ich nun sah, daß nichts geschah, was etwa hätte gefährlich werden können, begann ich den Tee zu nippen und da er mir sehr mundete, trank ich ihn aus. Nun wandte sich Mr. Oakley wieder zu mir und fragte, ob ich wohl gerne male? — Ich sagte: »Ja.« Darauf zeigte er mir seine Bilder; dann fragte er mich, ob ich wohl gerne singe? — Ich sagte: »Sehr gerne«, und schließlich fragte er mich: »Nun, mein Sohn, sammelst du Marken?« — Das jagte mir abermals Schrecken ein. Weshalb nannte er mich *seinen Sohn?* — Bin ich doch der Sohn meiner Mutter und meines Vaters und will keines anderen Menschen Sohn sein. Mit Vorbehalt und vorsichtig gab ich zur Antwort: »Ja, ich sammle Marken.« Da versprach er, wenn ich wiederkomme, mir welche zu geben. Obwohl dies sehr verlockend klang, fand ich es besser, aus der Nähe eines Menschen, der mich ohne jede

Veranlassung *seinen Sohn* nannte, so schnell wie möglich zu verschwinden . . . Am Ende läßt er mich gar nicht weg . . .? Er ließ mich aber gehen, geleitete mich sogar sehr liebenswürdig bis zum Tor und fragte mich noch, ob ich wohl gern im Auto fahre. Ich sagte: »Ja.« — Da versprach er mir, daß, falls ich wiederkomme, er mich an den Meeresstrand zur Spazierfahrt mitnehmen werde.

Es dauerte eine Woche, bis ich meine Angst soweit bezwungen hatte und es wagte, in den Pfadfinderklub zu Onkel Oakley zu gehen. Er empfing mich sehr freundlich. Zunächst zeigte er mir seine aus mehreren tausend Stück bestehende Markensammlung, gab mir *tatsächlich auch* einige und nahm mich *tatsächlich* auf eine Spazierfahrt an den Strand mit. Dies machte mich sehr glücklich und ich begann, Vertrauen zu fassen. Während der Fahrt richtete er an mich die Frage, ob ich wohl mit den übrigen Jungen spielen wollte? Natürlich wollte ich, »aber«, sagte ich, »ich bin doch kein Klubmitglied«. — »Nun, so laß dich einschreiben« — ermunterte mich Onkel Oakley, als wäre dies die natürlichste Sache der Welt. Ich staunte . . . Wie, — ich, der von den Engländern verachtete Inderknabe, kann mich einschreiben lassen unter englische und anglo-indische Kinder . . .? — Ja, ich konnte mich wirklich einschreiben, mein Vater unterschrieb den Anmeldeschein, und so wurde ich der erste indische Pfadfinder in diesem Klub von Madras. — Mr. Oakley behandelte mich so liebevoll wie meine Eltern, und ich nahm keinen Anstoß mehr daran, daß er mich ständig »mein Sohn« nannte, sondern war stolz darauf. Ich nannte ihn Uncle Oakley und lernte, *daß auch zwischen englischen und indischen Menschen tiefe seelische Verbindungen möglich sind.* Nach den Eltern stand er meinem Herzen am nächsten, und nach dem Tode meines Vaters blieb er mir auch weiter eine seelische Stütze und ein väterlicher Freund. Er lehrte mich, aus meiner Verschlossenheit herauszutreten und die heilige menschliche Gemeinschaft zu erleben. Er lehrte mich, jene, die uns etwas zuleide tun, zu bedauern und ihnen nichts nachzutragen, da sie es nicht aus Schlechtigkeit, sondern aus Unwissenheit tun. Die erhabenen Lehren Christi stellte er mit dem Beispiel seines eigenen Lebens unter Beweis. Mit ihm kam ich auch nach Europa und später, als ich schon in Budapest war, besuchte er mich dort.

All dies habe ich nur aus dem Grunde so ausführlich wiedergegeben, weil die Begegnung zwischen dem Osten und dem Westen *nicht* durch Handelsverbindungen und *nicht* durch politische Beziehungen zur Wirklichkeit wird, sondern dank der *seelischen Verbindung einzelner Menschen!* Wenn ein Junge ein noch so unbedeutsames Mitglied des Ganzen ist, die *Begegnung* ist das Wichtigste, das Wesentliche. Unzählige unbedeutend erscheinende Begegnungen haben zur Folge, daß sich das Bild Indiens langsam verändert. Die Inder lernen, was richtiger Kollektivismus, was Gemeinschaft in der Schule und später im Leben ist. Neue und wieder neue Generationen wachsen auf, die nicht mehr das alte, isolierte Leben der Inder führen, sondern sich allmählich mit dem auf die Gemeinschaft gegründeten, neuen Leben befreunden.

Viele bedauern dies, denn mit der Veränderung gehen zahlreiche Werte verloren. So zum Beispiel sind durch die Einführung der auf Kollektivismus aufgebauten Industrie, durch Fabrikproduktion, das orientalische individuelle Kunstgewerbe, insbesondere die Teppichwebekunst und ähnliche Zweige, gefährdet. Die Deutschen haben große Fabriken aufgestellt, wo nun auf Hunderten von Webstühlen dasselbe Muster gewoben wird, wo ein Ansager dabei steht, der das Muster diktiert und angibt, wieviel rote, blaue, gelbe Maschen folgen. Das Weben der Teppiche geht ganz mechanisch vor sich, verschiedenartige Formen, individuelle Ideen oder eine Farbengebung aus seelischem Erlebnis heraus kommen nicht mehr in Frage. Natürlich sind die Teppiche leblos, und ein Sachverständiger erkennt sofort, obschon sie handgewoben sind, sind sie doch nur Fabrikware. Auch die Wolle ist nicht wie früher, keine Wolle mehr in pflanzlichen Säuren koloriert, sondern minderwertige Qualität, mit Anilin, dem deutschen Fabrikat, gefärbt. Die pflanzengefärbte Schaf- oder Ziegenwolle verliert die Farbe nicht, sie kann gewaschen werden und bleibt unverändert. Welch herrliche Farben werden aus Pflanzen hervorgezaubert! Sie können mit Anilin nicht annähernd erreicht werden und mit Anilin gefärbtes Material ist nicht waschecht. Aber der Färbungsprozeß geht sehr rasch und ist überaus billig. So begibt sich denn der Ziegenhirt aus seiner Einsamkeit in die Stadt, verkauft seine Wolle für gutes Geld und ersteht billiges Material zum Weben der Teppiche. Auf diese Weise werden die individuelle Kunst und das Qualitätsmaterial in der Teppichweberei immer seltener. Ein großer Verlust! Denn mit der Zeit wird der orientalische Teppich vollständig verschwinden und nur einige Exemplare, in den Museen zur Schau gestellt, übrig bleiben, wie etwa einige Werke der altägyptischen Kunst. — Die Kunst stirbt aber nicht, sie nimmt eine neue Gestalt an. Auch die Kunst der Orientalen wird eine neue Möglichkeit finden, in welcher sie sich wieder offenbaren kann. Das sich erneuernde Volk wird eine neue Ausdrucksform und so wieder eine neue Kunst hervorbringen.

Indien wird durch die Begegnung mit dem Westen vor dem Schicksal bewahrt, in seinen uralten, vielfach zu Dogmen erstarrten Überlieferungen stecken zu bleiben und zu verkümmern. Denn Indien wurde durch den Westen aufgeweckt. Aus der Nähe besehen kann diese Erweckung sehr schmerzliche Punkte aufweisen. Diese werden aber verschwinden, und es bleibt, was gut ist. Bleiben wird ein neues, zum Selbstbewußtsein erwachtes, muskelstarkes und kraftstrotzendes Indien. Dazu ist aber Zeit nötig, denn 400 Millionen Menschen können nicht im Handumdrehen umgeformt und zu neuem Denken erzogen werden. Die Ewigkeit hat Zeit genug. Der Prozeß hat begonnen und kann nicht mehr aufgehalten werden.

In den vergangenen Zeiten verwirklichte Indien den individuellen Weg, — den Weg des höheren SELBSTES: YOGA. — Er wurde begangen, erkannt, zur Vollkommenheit entwickelt, er wird gelebt und den nachfolgenden Generationen weitergegeben. — Jetzt aber kommt es darauf an, den gemeinsamen Weg zu verwirklichen. Die einzige Möglichkeit ist auch auf diesem Wege die Nächstenliebe.

Die Lösung aller Probleme Indiens liegt allein in diesem Geiste. Aus dem Kastensystem, das dieses Land würgt, kann nichts herausführen, als die zum Erlebnis gewordene Nächstenliebe. In Indien leben 60 Millionen Parias im trostlosesten Elend, und diese schreckliche Last kann durch nichts aufgehoben werden, als nur durch die Verwirklichung der auf *wahrer* Nächstenliebe gegründeten Einheit. Denn diese armen, unwissenden Menschen können den Yoga-Weg nicht verstehen und verwirklichen. Das Kastensystem ist eines der größten Hindernisse für eine gesunde Entwicklung. In uralten Zeiten war es ein schönes und weises Gesetz. Heute ist es überholt, leblos; es liegt auf dem Lande wie ein erstarrter Kadaver und ist ein ewiges Hindernis, um aus der erfrischenden Luft des reinigenden Sturmes neuer Zeiten, junge belebende Kräfte zu schöpfen.

Der Begriff »Christentum« ist in Indien vorläufig noch untrennbar vom Westen. Wenngleich das Christentum ursprünglich aus dem Osten stammt — da es ja aus Jerusalem kam — so haben es die Westländer während 2000 Jahren doch nach ihrem eigenen Bilde und ihrer eigenen seelischen Struktur zugeschnitten und umgeformt. Die westlichen Menschen brachten Indien nicht das »Christentum«, sondern das »*Christentum des Abendlandes*«. Dieses letztere kann sich der Inder aber nicht aneignen. Der Inder kann nicht aufhören, ein Orientale zu sein! — Wenn wir auch denselben Weg beschreiten wollen, wie die Menschen des Westens, — in den Fußstapfen Christi, — so können wir diesen Weg doch nur auf eigenen Füßen gehen, nicht in den Schuhen des westlichen Menschen. *Wir können Christus und seine erhabenen Lehren nur an sich, — gesondert von der westlichen Zivilisation*, annehmen. Indien fühlt, daß es zum Orient gehört und es kann sich die Ansichten einer anderen Welt nicht aufzwingen lassen, — dies um so weniger, *wenn diese andere Welt nicht imstande ist, die selbstverkündeten hehren Ideen zu verwirklichen!* Indien ist dem »Christentum des Westens« abgeneigt. — Christus aber nimmt es an. *Indien ist auf dem Wege, sich selbst ein »östliches Christentum« zu schaffen!*

Swami Vivekananda, — der in seinen Vorträgen und in seinen Büchern immerzu die Lehren Christi zitiert und zu ihrer Verwirklichung aufruft, — auch Gandhi und alle jene großartigen Menschen, die ihr Leben verwendeten, um Indien mit Christus bekannt zu machen, erkennen sehr richtig, was dort vor sich geht, — es wiederholt sich das größte Ereignis der Bibel: Die Geburt Christi, und Indien ist auf dem besten Weg, IHN zu verwirklichen.

Einer der bedeutendsten westlichen Verbreiter des christlichen Gedankens ist der amerikanische Pastor Dr. E. Stanley Jones. Ich habe seinen Predigten beigewohnt, aber vieles, was ich an den Zusammenkünften in Indien gesehen und erfahren habe, verstehe ich erst wirklich, seit ich die westliche Welt kennenlernte. Dr. Jones berichtet über seine Erfahrungen in Indien in einem ergreifend schönen Buch: »Christus auf der Landstraße Indiens.« Aus diesem Buche will ich einiges anführen, denn wenige werden schöner und besser zu erzählen wissen als Dr. Jones, wie die Inder Christus in Indien empfangen haben.

»Daß der Osten die westliche Welt auf diese Weise in der Persönlichkeit Jesus beurteilt, geht klar aus jenen Zeilen hervor, die ein bengalischer Dichter einmal zu Weihnachten niederschrieb und die er dann einem meiner Freunde, C. F. Andrews, zusandte:

»Christus, Du Großer, am gesegneten Tag Deiner Geburt beugen wir, die keine Christen sind, unser Haupt vor Dir. Wir lieben Dich, und beten Dich an, wir, die keine Christen sind, weil das Band des Blutes Dich mit Asien verbindet. Wir schwache Menschen eines großen Landes wurden an das Kreuz der Knechtschaft geschlagen. Stumm blicken wir zu Dir empor, voll der Schmerzen und Wunden, so oft sich die Pein erneuert. Der fremde Herrscher ist die Dornenkrone über uns, und unser eigenes Kastensystem ist das mit Nägeln ausgeschlagene Bett, in dem wir liegen.

Die Welt steht bestürzt vor dem Gebietshunger Europas. In Mammon's Armen, mit unheiligem Jubel, tanzt der Imperialismus. Er umtobt die freudlosen Heime Europas, wo die drei Ungeheuer ihre Orgien feiern: der Krieg, die Leidenschaft der Macht, und die Habgier.

Es ist kein Platz für Dich dort in Europa. Scheide von dort, Herr und Christus, und komme zu uns! Wähle Asien für Deine Heimstätte, das Land Buddhas, Kabirs und Nanaks. Fällt unser Blick auf Dich, so wird unser schmerzerfülltes Herz von seiner Last befreit. O großer Lehrmeister der Liebe, steig herab in unser Herz und lehre uns, damit wir die Leiden anderer zu empfinden wissen, damit wir mit allumfassender Liebe den Aussätzigen und den Parias zu dienen vermögen.« —

»Dieser Appell des Dichters verliert nichts von seiner urteilenden und aufrüttelnden Kraft, wiewohl wir wünschten, er hätte nicht gesagt, Christus solle sich vom Westen loslösen, er hätte vielmehr bitten sollen: Christus möge tiefer in das Leben des Westens eindringen. Komm, Christus, entferne Dich von dort? – Nein, Christus, entferne Dich nicht von dort! Denn auch das Herz der Menschen im Westen ist schmerzerfüllt, – und hängt der Osten am Kreuzesholz der Knechtschaft, so ist der Westen an das Kreuz des Materialismus geschlagen. Beide haben wir Dich nötig!«

Im zweiten Teil seines Buches sagt Jones:

»Jesus ist gekommen, damit er selbst das Leben sei und wenn die Menschen tief genug in das Leben hineingreifen, werden sie mit Jesus zusammentreffen, der das Leben selbst ist. Er ist nicht gekommen, um eine Anzahl von Wahrheiten zu bringen, um diese neben andere Wahrheiten zu stellen, wie es sich manche oberflächlich vorstellen, sondern er ist gekommen, um die Wahrheit selbst zu *sein,* und wenn wir mit der Wahrheit weit genug gehen, so wird diese uns an der Hand fassen und so lange führen, bis wir Jenen erblicken, der die Wahrheit selbst ist. Dekan Inge – ein Hindulehrer – hat recht, wenn er sagt: »Jesus ist nicht gekommen, um eine Religion zu bringen, sondern damit Er selbst eine Religion sei.« Und wenn wir die Religion wirklich ernst nehmen, so müssen wir werden wie Er war, oder wir sind nicht wirklich gläubig.«

Die Seele Indiens ist von Christus tief berührt. Und sie ist geneigt, Ihm zu folgen. *Sie folgt aber nicht jenen, die im Namen Jesu Christi Haß verkünden!* Nimmt der indische Mensch eine Idee an, so lebt er diese. In Indien, wo so viele Menschen das *Schweigen* üben, nützt keine *Sprache,* die von *Taten* nicht gestützt ist. Dr. Jones erzählt eine bezeichnende Begebenheit:

»Die große Frage, die von Indien auch ohne Worte unablässig gestellt wird, ist nicht die, wie eifrig du bist, sondern ob du im Besitze der Denkweise Christi bist? – Dies wurde mir an einem Tage nachhaltend bewußt, als zwei junge, einfach gekleidete, barfüßige Hindus mich besuchten, um mit mir zu sprechen. Ich hatte an diesem Tage viele Unterredungen, aber keine bereitete mir so große Freude, wie die Stunde, die ich mit den zwei jungen Leuten verbracht habe. Sie waren eifrig, klug und verständnisvoll. Am nächsten Tag kamen sie wieder, und zwar, um eine Mitteilung zu machen. Sie erzählten, wer sie sind — die Söhne der zwei reichsten und vornehmsten Familien der Stadt. Am Tage vorher kamen sie absichtlich barfuß und ärmlich gekleidet. Sie wollten mich auf die Probe stellen, ob ich es wahrhaftig und aufrichtig auch so meinte, wie ich in der Nacht vorher erklärte, daß Jesus nur die Menschen sehe, ohne Ansehen von Rasse, Farbe und Vermögen, und sie wollten erfahren, ob ich auch dementsprechend handeln werde, wenn sie in ärmlicher Kleidung kommen.«

Den Inder kann man mit Tatsachen überzeugen, mit leeren Reden nie. — In Südindien hielt ein Inder vor Pädagogen einen Vortrag über Erziehungsfragen. Plötzlich unterbrach er den Vortrag und sprach: »Ich sehe, daß unter Ihnen zahlreiche Christen sind; nun, dies ist kein religiöser Vortrag; trotzdem wollen wir für einen Augenblick unterbrechen, um zu sagen, daß Indien morgen vor ihren Füßen läge, wenn die Christen so leben würden, wie Jesus es lehrte.«

Die Inder sind nicht oberflächlich. Wenn sie es der Mühe wert finden, sich mit etwas zu befassen, so nehmen sie es in die Tiefe ihrer Seele und werden es wahrhaftig erleben. Wie schon in den vorhergehenden Kapiteln erwähnt wurde, ist in Indien das Alltagsleben von der Religion untrennbar, denn der Inder *lebt* seine Religion. Er sieht und nimmt Christus von diesem Standpunkt an. Die Abendländer *verkünden* Jesus Christus. Die Inder hingegen befassen sich tief und eingehend, ob es wohl möglich sei, Christus zu *leben*. Das Resultat ist, daß es unzählige Hindus gibt, die sich zwar nicht taufen ließen, — da sie aber Christus erkannten, IHN nun verwirklichen, IHN *leben!*

Eines Tages kam ich mit einem Verwandten ins Gespräch, der mit meinem Vater im gleichen Alter stand und dank

seiner Weisheit und reinen Lebensführung ein weit und breit bekannter Brahmine war. Wir sprachen über Christus. Angesichts der tiefen Ehrfurcht, mit der er über ihn sprach, fragte ich, weshalb er sich nicht taufen lasse. Liebevoll und schweigend blickte mich der weise Mann an und sagte schließlich: »Mein Sohn, — Christus! — Krishna! — Nicht der Name ist wichtig, sondern die Tatsache. Wir müssen Ihn in uns erkennen und leben. Er weiß, daß ich zu Ihm gehöre. Welches auch sein Name sei, mir genügt es.« Mit meiner kindlichen Denkart von damals hatte ich die Antwort nicht ganz verstanden. Heute verstehe ich sie, — insbesondere, seit ich viele Christen kennenlernte, die Christus auf ihrer Zunge führen, IHN aber trotzdem nicht kennen, — und auch Christus kennt sie nicht . . .
Mahatma Gandhi, einer der größten Söhne Indiens, war offiziell kein Christ, sein Leben jedoch war das Kreuz selbst. Für was er auch kämpfen mochte, — kämpfte er mit den Waffen Christi aus, mit den unsichtbaren Waffen der Wahrheit und der Liebe. Sein größter Lehrmeister war Christus. Wie schon erwähnt, trug er die Bibel immer mit sich, er las sie täglich und lehrte daraus. Dr. Stanley Jones erfragte seinen Rat, wie man das Christentum in Indien heimisch machen könnte. Gandhi gab zur Antwort:

»Zunächst würde ich vorschlagen, daß die Christen alle zu leben beginnen, wie Christus gelebt hat.« —

Dr. Jones berichtet darüber weiter:

»Mehr brauchte er mir nicht zu sagen, das genügte vollkommen. Ich wußte, daß durch seine Augen die 400 Millionen Bewohner Indiens auf mich blickten, daß durch seine Stimme diese Millionen Menschen des Ostens zu mir sprachen, dem Vertreter des Westens, — und durch mich hindurch, an den Westen selbst, lauten diese Worte: »Kommt ihr im Geiste eures Meisters zu uns, so können wir euch nicht widerstehen ...« Zweitens sagte Gandhi: ›Ich rate euch, verwandelt die Religion in Taten ohne ihr Gewalt anzutun, ohne sie herabzusetzen.‹ Dieser Rat ist ebenso beachtenswert wie der erste. Der damals größte lebende Nicht-Christ richtete an uns den Appell, unserer Religion keine Gewalt anzutun ... Drittens sagte Gandhi: ›Ich würde empfehlen, die Betonung auf die Liebe zu legen, denn die Liebe ist das Zentrum und die Seele des Christentums.‹ Unter Liebe meinte er nicht das Gefühl, sondern *die Liebe als schaffende Kraft*. Gandhi stellt sie vor uns wie eine wahrhaftige Kraft im moralischen Universum. Er wollte, sie solle im Kreise einzelner Gruppen, Rassen und Nationen, als eine vereinigende Kraft zur Erlösung der Welt ausgeübt werden. Bei einem solchen Menschen, dessen Seele so tief die Liebe erlebt, war es kein Wunder, daß Tränen in seinen Augen schimmerten, als ich ihm nach seinen Worten das 13. Kapitel des ersten Korinther-Briefes über die Liebe vorlas. – Viertens sagte Gandhi: »Ich würde raten, die nicht christlichen Religionen und Kulturen mit mehr Einfühlungsvermögen zu studieren, um herauszufinden, was Gutes in ihnen ist, und die Fähigkeit zu erwerben, sich den Menschen mit mehr Verständnis zu nähern.« –

Sehr richtig, – wir müssen für jede Wahrheit, wo immer sie auch zu finden ist, überaus dankbar sein. Wir müssen wissen, daß jede Wahrheit nur ein ausgestreckter Finger ist, der nach Christus weist, der die WAHRHEIT ist.
Der bekannte Indologe Dr. Erwin Baktay befaßt sich in seinem großen Werk über Indien eingehend mit diesem Problem und sieht die ganze Frage klar. Er kennt auch die Tätigkeit von Dr. Jones und schreibt bezeichnenderweise unter anderem:

»Dr. Jones hat nach schwerem Seelenkampf gewagt, den entscheidenden Schritt zu tun. Offen und männlich gab er zu, daß *er mehr von Indien gelernt hat, als was er Indien zu lehren vermochte*. Er erlernte die wesentliche Wahrheit, daß das Wesen des Christentums einzig und allein CHRISTUS ist, alles andere ist menschliche Zugabe, sind Gesichtspunkte, erklügelte Systematisierungen, die nur unter gewissen speziellen Umständen eine bedingte Existenzberechtigung haben. Indien kann nichts gemein haben mit den Religionskriegen des Westens, den theologischen Debatten und der ganzen Ausgestaltung des Christentums nach westlichem Charakter, es kann nichts zu schaffen haben mit den damit zusammenhängenden lokalen Problemen, – es hat aber um so mehr zu tun mit Christus und den Evangelien. – Hatte die westliche Welt ein Recht dazu, die entsprechenden christlichen Religionsformen, den Entwicklungsgegebenheiten angepaßt, nach ihrem eigenen Bilde für sich auszugestalten, so kommt Indien zumindest ein ebensolches Recht zu, sein eigenes Christentum zu formen; um so mehr, da der geistige Boden, der durch eine jahrtausendalte tiefe Begeisterung, ein unerschütterliches Gottsuchen und einem unstillbaren Wahrheitsdurst zu einem Humus kultiviert wurde, der viel geeigneter zum Empfang und Reinerhalten des Evangeliums ist, als es das einstige, zum Teil hellenistisch-römische, also mit heidnischer Kultur behaftete, zum Teil aber das barbarische Europa war, oder als es der heutige Westen ist, der in seinem Materialismus und Machthunger in einem Chaos ausgeklügelter Systeme schmachtet.«

Gewiß! Es ist Tatsache, daß der Osten mit den Religionskriegen und theologischen Debatten des Westens nichts zu tun hat. Es bleibt aber ein unvergängliches Verdienst des Westens, Jesus Christus dem Osten verkündet zu haben, in erster Linie ein Verdienst jener in Christus lebenden großen Geister, die ihr ganzes Leben opferten, um die darbenden Massen Indiens durch Verkünden des Evangeliums emporzuheben. Denn die Masse kann durch Yoga, – den individuellen Weg, – die Wahrheit nicht finden, ist doch ihr Bewußtseinsgrad noch viel zu niedrig, um überhaupt verstehen zu können, um was es sich handelt. Christus sagte seinen Jüngern: »Euch ist gegeben, daß ihr das Geheimnis des Himmelreichs vernehmet; diesen aber ist's nicht gegeben« (Matthäus 13/11). Durch den Weg der Nächstenliebe aber kann auch der erbärmlichste Paria die Erlösung finden. Die Liebe, – das Mitleid, – die Güte, – das Verstehen, – sie sind alle über dem Verstand. Sie können von allen Geschöpfen, von Menschen der höchsten geistigen Ebene bis hinab zu einem armen Schwachsinnigen, verstanden und erlebt werden. Die universelle Liebe hat Feuer und Glanz, sie leuchtet durch alles hindurch, auch durch das dunkelste Gehirn, und ihre Wärme, alles durchstrahlend, findet zum menschlichen Herzen! – Es gibt kein noch so versteinertes Herz, das dem Feuer der Liebe widerstehen könnte. –

Die Rettung und Erneuerung Indiens ist das Bewußtwerden in dem göttlichen Überselbst! – Sein Blut ist der fließende Strom, der das altehrwürdige Indien durchflutet und mit lebendigem, erquickendem, neuem Leben erfüllt. Sein Leib ist das vom Himmel herabgesandte Brot, das die hungernden Millionen sättigt, das ihnen Kraft verleiht zum Beginn eines neuen Lebens. »Siehe, ICH mache alles neu« (Off. 21/5), sagt die Bibel, und wir wissen, daß dieses »ICH« der Logos, das Überselbst, oder wie die Bibel ihn nennt – Christus ist.

Indien versteht Christus und nimmt ihn an, weil es in seiner Lehre die Wahrheit erkennt, deren Gesetze sichtbar in der Natur wirken und deren Wirksamkeit es in seinem eigenen Wesen empfindet. Es wurde aber gezwungen zu lernen, daß man einen Unterschied machen muß zwischen »Christentum« und »Christen«. Es gibt vieles, was Indien von den Christen nicht annimmt, nicht annehmen kann, weil es den in allen Dingen wirksamen Gesetzen der Wahrheit zuwiderläuft und weil es, – so sonderbar dies klingen mag, – der wahren Lehre, dem aus dem Evangelium strömenden Geist Christi, widerspricht. Aus jedem Wort der Evangelien strömt der Hauch der Wahrheit. Diese Wahr-

heit hat in Indiens Herzen tiefe Wurzeln geschlagen. Was jedoch Menschen mit allzu menschlicher Denkweise dazu tun wollen, das kann dem Inder nicht nahe kommen, da es in der Tiefe seiner Seele keinen Widerhall erweckt.
So zum Beispiel wirkt es auf die Inder abschreckend, wenn Missionare von einem mit Rachedurst erfüllten Gott sprechen, der wie ein allzu menschliches Wesen Versündigungen mit schwersten Strafen belegt, während doch in der Bibel Christus mit jedem Wort die Güte, Barmherzigkeit und LIEBE Gottes verkündet und selbst dem größten Sünder nur sagte: »Gehe hin und sündige hinfort nicht mehr« (Joh. 8/11).
Die Bibel erzählt, wie der verlorene Sohn vom Vater mit der größten Liebe und mit offenen Armen wieder als Sohn aufgenommen wird. Trotzdem gibt es Menschen, die einen alles vergeltenden Gott predigen, der die Sünder mit schweren Strafen, ja sogar mit ewiger Verdammnis schlägt. Der Inder weiß sehr gut, daß man seine Sünden abbüßen muß, aber nicht, weil Gott etwa eine Freude daran hätte, seine unvollkommenen Kinder in ihrer Buße leiden zu sehen, sondern weil die Buße die Gelegenheit ist, die durch Unwissenheit verübten Fehler wieder *gutzumachen*. Wie kann aber der Gedanke einer ewigen Verdammnis mit dem Gott der Liebe und der Verzeihung in Einklang gebracht werden? — Besaß ein menschlicher Vater eines verlorenen Sohnes soviel Güte, seinem unfolgsamen Sohn ohne jede Strafe zu verzeihen, wie kann Gott, der *DIE GÜTE* selbst ist zugemutet werden, eine *endliche* Sünde mit *unendlicher* Strafe zu schlagen? Nein! Der Inder kann den Begriff vom rächenden Gott nicht annehmen, wenn er gleichzeitig glückselig bereit ist, Christus als sein Vorbild zu erkennen, der in seiner göttlich-schönen Lehre ermahnte »Liebet eure Feinde« (Matth. 5/44). Dieses nimmt er an und ist bemüht zu

lieben, und ist bemüht, sein Herz mit soviel Liebe zu durchtränken, daß es ihm gelinge, im alltäglichen Leben tatsächlich jedem Feinde verzeihen zu können, um Christus gleich zu werden, der dies gelehrt hat. Wie könnte er also einverstanden sein, daß Gott seinen Feind nicht nur nicht liebt, sondern ihn noch mit furchtbaren Qualen und aller Pein der Hölle bestraft . . . Christus lehrt, daß man sich im Himmel eines sich bekehrenden Sünders mehr erfreut, als an neunundneunzig Gerechten. Dieses findet der Inder wunderschön, erhaben und göttlich. Er sinkt in den Staub vor jedem, der am Kreuzesholz sagte: »Vater, vergib ihnen, denn sie wissen nicht, was sie tun« (Luk. 23/34), — aber er wendet sich ab von jenen, die Gott nicht als den in Liebe und Gnade waltenden, sondern als rächenden, fluchschleudernden Gott hinstellen wollen. Der Inder fühlt sich den Lehren viel näher, die ein christusgleiches, erbarmendes Verzeihen künden, als einen Gottesbegriff, der nach menschlicher Denkart mit Zorn und Leiden droht. *Wahre, lebendige Religion kann niemals gebaut werden auf Angst und Furcht.*

In unzähligen Fällen habe ich die Wahrnehmung gemacht, daß meine Landsleute die Taufe nur deshalb nicht annehmen, weil dies den Verzicht, nicht auf ihren Glauben, sondern auf ihre Überzeugung einer Reinkarnation bedeutet. Ich betone das Wort *Überzeugung*, denn es gibt in Indien unendlich viele Menschen, die sich an ihr früheres Leben ganz genau erinnern und mit verläßlichen, kontrollierbaren Daten beweisen, so daß sie diese Überzeugung nicht aufgeben können, denn würden sie dies tun, *wäre es für sie eine Lüge.*

Auf dem Gebiete der Seelenforschung kam auch der Westen schon so weit, für die einzig mögliche Erklärung verschiedener seelischer Erscheinungen die Vermutung einer

Existenz schon vor der körperlichen Empfängnis anzunehmen. Zahlreiche Beispiele über interessante Experimente namhafter Seelenforscher wurden in bekannten ärztlichen Fachblättern der ganzen Welt veröffentlicht, die alle die Lehre der Wiedergeburt bestärken. — Wir Inder verfolgen die wissenschaftlichen Entdeckungen des Westens auf diesem Gebiet ungefähr so, wie ein Musiker mit vorzüglichem Gehör einer wissenschaftlichen Erklärung über die Gesetze der Harmonielehre, der Schwingungszahl und der Verwandtschaft der Töne folgen würde, wenn die exakte Wissenschaft alles das entdeckt, was er, der Musiker, ganz einfach *hört*. Das Ohr nimmt von den Schwingungszahlen keine Kenntnis und macht sich darüber keine Gedanken, — dies ist Sache des Verstandes, — sondern *hört durch unmittelbares Erleben* alle Gesetze der Harmonielehre. Warum ist das Zusammenklingen einiger Töne harmonisch und warum ist eine andere Tongruppe disharmonisch? Weshalb erweckt der eine Akkord ein vollendetes und befriedigendes Gefühl, und aus welchem Grunde wünscht man beim anderen eine Auflösung und Vollendung? — Das Ohr fühlt, hört und weiß es! — Dieses Hören kann durch kein Machtwort zum Verstummen gebracht werden, — wer es trotzdem versucht, handelt gegen sich selbst, denn jene, die gegen Naturgesetze handeln, werden ganz einfach übergangen oder hinweggefegt. — Der Inder weiß um die Wiedergeburt, um die Reinkarnation aus einem inneren, unmittelbaren Erlebnis heraus. *Nicht weil sie etwa ein Glaubenssatz ist, glaubt er daran, — sondern sie wurde ein Glaubenssatz, weil es sich um eine psychologische Tatsache handelt, die der Mehrheit der östlichen Menschen bewußt ist.* Moses zum Beispiel kannte die Gesetze der Hygiene. Er sprach aber zu seinem Volke nicht viel darüber, sondern machte aus ihnen einen Religionssatz, um die von ihm gewußte Wahrheit zum Vorteil der Gesundheit auswerten zu können, auch bei Menschen, die es mit dem Verstande noch nicht fassen konnten. — Mit der Entwicklung der Menschheit wandelten sich die hygienischen Glaubenssätze von Moses zu wissenschaftlichen Sätzen und Wahrheiten. — Die Zeit ist nicht mehr weit, da auch die Reinkarnation aus der Religion gelöst und unter die wissenschaftlich festgesetzten Wahrheiten eingereiht werden wird. — Der Inder versteht nicht, weshalb er etwas verleugnen soll, was er ebenso sicher weiß, wie die Tatsache, daß er selbst im letzten Leben existiert, und er kann nicht einsehen, inwiefern diese seine Überzeugung Gott und der Nächstenliebe widersprechen könnte. — Es erübrigt sich, Beweise für die Reinkarnation aufzuzählen, denn es ist nicht meine Absicht jemand von der Richtigkeit dieser Lehre überzeugen zu wollen. Es ist durchaus nicht wichtig, daß jemand daran glaube, — dies ist lediglich Sache des inneren Erlebens, — doch kann eine Überzeugung nicht ausgerottet werden, die man aus innerem Erleben heraus hat. Tatsachen haben eine innere Kraft, die früher oder später über jede Verleugnung siegt; sagte doch Christus, es gäbe kein Geheimnis, das nicht an den Tag kommen werde. Ich will hier ja nur ein Bild geben, welche Auffassung sich in Indien gestaltet gegenüber den Belehrungen des Westens.

Bezeichnend ist, daß die ersten Missionare, die das Land und die Religion der Inder gründlich kennenlernten, klar erkannten, daß in der Religion der Inder dieselben Wahrheiten enthalten sind, wie in der Lehre Christi. — Will man also die Inder für das Christentum gewinnen, so kann dies nicht durch Zerstörung des indischen Glaubens erreicht werden, denn man kann nicht sagen: »diese Wahrheit ist in eurer Religion nicht gültig, nur in unserer«, — sondern nur durch die Ergänzung und Weiterentwicklung dieses

Glaubens mit der Lehre der Nächstenliebe. — Diese ersten Missionare waren es, die die Grundlagen für ein östliches Christentum gelegt haben und ihre Erfolge konnten sie zunächst ihrer Einsicht verdanken, daß sie nach Erkennen dieser inneren Wahrheit sich ihr anpaßten. Spätere Missionare wichen von diesem Pfade ab und deren Erfolge mußten ausbleiben.

Die Tätigkeit von Franz von Xaver und seiner Mitarbeiter brachte zum Beispiel nur in den niedrigsten Kasten einen Erfolg. Die höhere Kaste, die Brahminen, blieben ablehnend und wurden in der Mehrzahl erst später von dem Jesuitenpater Nobili aus Italien gewonnen. Dieser geniale Mann konnte sich in die Denkweise der Morgenländer einleben und es gelang ihm, bei den Brahminen Einlaß zu finden; ja, er gewann so sehr ihr Vertrauen, daß sie ihm massenweise folgten und sich taufen ließen. Er war einer jener Männer mit blendenden Fähigkeiten, denen der Jesuitenorden seine geistige Einheit und seine Weltmacht verdanken kann. Nobili erschien in der gelben Leinentracht der Brahminen, mit einem Turban um den Kopf und Sandalen, in der indischen Stadt Madura. Er nahm im vornehmen Viertel der Brahminen Wohnung, aß kein Fleisch, trank keinen Wein, sondern lebte von Reis, Gemüse, Milch und Käse. Er nahm Hauspersonal brahminischer Abstammung und hielt die Vorschriften und Bräuche der Brahminen in jeder Beziehung. Er sagte von sich selbst, er wäre ein Brahmine italienischer Abstammung und sei nach Indien gekommen, nachdem er gehört hätte, daß hier Brahminen von großem Wissen leben, und er möchte gerne mit diesen bekannt werden. Die indischen Brahminen, nachdem sie sich von seiner Lebensführung überzeugt hatten, gewährten ihm Zutritt und nahmen ihn freundlich auf. Sie waren über das Wissen des fremden »Brahmin« erstaunt. Nobili beherrschte vollkommen die hindustanische und tamilische Sprache, — nach der Überlieferung mit vollendeter Aussprache, — und zitierte die schwierigsten Sanskrittexte aus den Veden, Apastamba-Sutru und Burana und aus allen anderen heiligen Büchern Indiens. Er kannte die uralten Gesänge, »Raga« genannt, und brachte sie seiner zahlreichen Zuhörerschaft mit eigener Gitarrebegleitung gerne zu Gehör. Er setzte mit seinem umfassenden Wissen alle in Erstaunen und erfreute sich allgemeiner Bewunderung und Hochachtung. Es ist sogar mit dem heutigen Verstand schwer zu verstehen, wie Nobili zu jener Zeit, — wo technische Errungenschaften noch nicht zur Verfügung standen — es fertigbrachte, in der Wissenschaft der Inder schon in Europa so enorme Kenntnisse zu erwerben, also noch bevor er nach Indien abgereist war. — Nobili erkannte die große Ähnlichkeit zwischen den Grundlagen der Hindu- und der christlichen Religion und er lehrte nicht, die christliche Religion sei etwas anderes, von der indischen ganz Verschiedenes, — sondern deren Ergänzung und Erfüllung. Die Brahminen wurden von der Wahrheit Nobilis überzeugt, fanden die Lehre Christi vollkommen und nahmen massenhaft die Taufe an. Dies war das erste Mal, daß Männer aus der hohen Kaste der Brahminen sich zum Christentum bekehrten. Aber nach dem Wegzug Nobilis hörten die Bekehrungen auf. Zugleich mit Nobili waren auch andere Jesuitenpatres als Missionare tätig, unter denen sich viele befanden, die die hindustanische und tamilische Sprache vollkommen beherrschten und die heiligen Bücher und Legenden Indiens sozusagen auswendig kannten. *In diesen genialen Patres fanden sich zum erstenmal Ost und West zusammen. Mehrere von ihnen bildeten sich zu Yogis aus.* Sie waren die ersten *westlichen, christlichen Yogis.*

Hätte die Missionsarbeit diesen eingeschlagenen Weg beibehalten, so wäre das Christentum wohl bereits die herrschende Religion in Indien. Es folgten dann aber die Missionare verschiedener christlicher Konfessionen, die — wie schon erwähnt — ihre Arbeit zunächst damit begannen, in den Indern *nicht nur einen Haß gegenüber ihrer eigenen Religion, sondern auch gegen die übrigen christlichen Konfessionen zu wecken.* In dem Maße, wie der Inder gewonnen wird, wenn man ihm von Liebe spricht, in dem Maße wird er zurückschrecken, wenn er Haß sieht! Das ist der Grund, warum die Verbreitung des Christentums zum Stillstand kam. Erst in den letzten fünfzig Jahren erhielt sie neuen Aufschwung, seitdem wieder zahlreiche Missionare, nach den weisen Methoden der Jesuiten des 17. Jahrhunderts, die Freudenbotschaft nicht mit Haß, sondern mit Liebe verkünden. Zu diesen gehören unter anderen Fox, ein reformierter Priester, der mit einer wunderbaren Erfindungsgabe das Vertrauen der Inder zu gewinnen wußte, dann der reformierte Priester Schwartz und Dr. Stanley Jones aus dem Westen, — und schließlich vollbrachte ein christlicher Inder, Sundar Sing, eine gewaltige Bekehrungsarbeit.

Sundar Sing entstammt einer vornehmen Familie des Stammes Sikh. Als halbwüchsiger Junge wurde er Yogi-Schüler. Eines Nachts erschien ihm eine strahlende Gestalt, die einem Christusbild ähnlich war. Seither ist er Christ geworden und widmete Christus sein Leben. Nach seiner Erleuchtung wanderte er, wie die ersten Jünger Christi, mit dem Stab in der Hand, die unendlichen Landstraßen Indiens entlang und verkündete seinen Landsleuten das Evangelium. Auch Sundar Sing war eine lebendige Verkörperung der Begegnung von Ost und West. Er war ein Heiliger, ein Yogi, der wußte, daß das Endziel des Yoga-Weges: — das göttliche SELBST, — das CHRISTUS-SELBST

— ist. Und er lehrte die Wahrheit, indem er seine Berufung in der Nächstenliebe erfüllte. Er gehörte keiner Konfession an, — er zeugte für Christus allein. Die von ihm geleistete Missionsarbeit hatte, und hat auch noch heute, gewaltige Erfolge, ihre Wirkung war in Indien unabsehbar. Dieser große Heilige war ein Inder und er lehrte die Inder in *ihrer* Sprache, angepaßt *ihrer* seelischen Struktur, und es ist selbstverständlich, daß das Evangelium der Liebe durch ihn verstanden wurde. Wiederholt begab er sich auch als Missionar nach Tibet, immer im Bewußtsein, daß er dort den Märtyrertod sterben werde. Dieses Schicksal hat ihn dann auch erreicht. Er gehört zu den getreuesten Dienern Christi. Er war der erste *östliche christliche Yogi.*

Der Westen brachte den Weg der Gemeinschaft nach Indien, den Weg der Nächstenliebe, — den sich *in der Einheit der Menschheit offenbarenden* CHRISTUS. Als Gegengabe erhielt der Westen von Indien den individuellen Weg, den inneren Weg der Seele, — das Geheimnis des *im menschlichen Herzen wohnenden CHRISTUS:* YOGA.

Das Abendland wurde mit den Geheimnissen des Morgenlandes auf zweierlei Weise bekannt, erstens durch die Schilderungen, Schriften und Bücher der Westländer, die nach dem Osten gekommen sind und eingeweiht wurden, — zweitens durch die Lehren östlicher Menschen, die nach dem Westen gewandert sind mit dem Auftrag, der westlichen Welt die Weisheit des Ostens zu bringen.

Welches sind nun die Kräfte, die den östlichen Menschen veranlassen, der westlichen Welt die Geheimnisse der menschlichen Seele zu entschleiern und zu verkünden . . .?

Die Meister des Morgenlandes messen die Zeit nicht nur mit dem Kreislauf der Erde um die Sonne, sondern auch mit der kegelförmigen Bahn der Erdachse. Die Zeitspanne, während der die Erdachse diese Bahn einmal in ihrer Ganzheit vollendet, wird Weltjahr genannt und entspricht ca. 25 920 Erdenjahren. Durch zwölf geteilt, erhalten wir die Weltmonate; demnach entspricht ein Weltmonat 2160 Erdenjahren. Jeder Weltmonat bringt der Erde ein neues Zeitalter, neue Geistesströmungen. Und am Ende jedes Zeitalters durchgeht die Menschheit eine »Prüfung«. In dieser Epoche werden alle Kräfte aus ihrer gesetzbedingten Gebundenheit befreit und können ihre volle Wirkung auf die Menschheit entfalten. Die Prüfung besteht darin, daß die Menschen während dieser Epoche einer harten Probe unterzogen werden, ob sie über genügend Urteils- und Widerstandskraft verfügen, um die auf sie einwirkenden Kräfte zu beurteilen und zu wählen, welche Kraft angenommen und offenbart werden soll und welche zu meiden ist. Symbolisch ausgedrückt »steht der Himmel offen«, — wie er von Jakob gesehen wurde, — und »von der untersten bis zur höchsten Sprosse der Himmelsleiter steigen die Engel auf und nieder«, — auf daß die Menschheit »gewogen werde«, zu sehen, wer entspricht und wer »zu leicht befunden« wird (Dan. 5/27).

Der neue Zeitgeist fegt über die Erde und läßt das alte Zeitalter verschwinden. Welten stürzen ein und Welten entstehen; große Drangsal herrscht, alles brodelt und gärt. Der in den Seelen wütende Sturm offenbart sich in furchtbaren Feldzügen, Revolutionen und Massenmorden. Jedermann wird gezwungen, sein echtes, inneres Angesicht zu zeigen, denn die Zeitwende ist unerbittlich und zwingt die Menschen, ihre Masken abzulegen. Die Atmosphäre ist dämonisch, jeder fühlt und erleidet den dröhnenden Hufschlag der schrecklichen apokalyptischen Reiter. Die entfesselten Kräfte, »die bösen Geister«, hausen wie Bluthunde auf Erden und bedrängen die Menschen. Aber die reifen Seelen, aus denen christliche Liebe strömt, können sie nicht anfechten, denn die Liebe flutet, gleich dem strahlenden Flammenlicht, und bannt die Schatten der Finsternis! Diese hohen Seelen verlieren auch unter den bittersten Heimsuchungen nicht ihren Glauben und ihre Zuversicht zu Gott, und die äußeren Leiden vermögen ihre Seelenkraft nicht zu brechen. Gewappnet und stark widerstehen sie allen Versuchungen und Angriffen der niederen Kräfte und öffnen ihre Seelen um so mehr zum Empfang für höher geordnete Kräfte.

Gar manche werden die Frage aufwerfen: »Welche Notwendigkeit besteht wohl dafür, daß, — symbolisch gesagt, — die bösen Geister entfesselt werden und die furchtbarsten Zerstörungen auf Erden vollbringen können?« — Wir dürfen nicht vergessen, daß von der Ebene der Ursachen nur mit größter Schwierigkeit gesprochen werden kann, da dort ganz andere Gesetze herrschen, als auf der irdischen Ebene, und so fehlen uns die entsprechenden Begriffe oder sie bedeuten in ihrer objektiven Wirklichkeit etwas ganz anderes als wir annehmen. So zum Beispiel ist schon der Ausdruck »böser Geist« dergestalt, daß so viele Menschen, so viele Deutungen möglich sind. In der Wirklichkeit gibt es nichts »Böses« an sich. Allerdings sind Kräfte vorhanden, deren Offenbarung durch die Materie, vom menschlichen Standpunkt aus gesehen, böse zu sein scheint. Dies sind gigantische Kräfte, die auf der irdischen Ebene von brutaler Wirkung, zugleich aber notwendig sind, denn ohne sie würde es keine Entwicklung und keinen Fortschritt geben. — Um nur ein sehr einfaches Beispiel anzuführen: das jährliche Großreinemachen verursacht eine schreckliche Unordnung im Haushalt. Jede Ordnung hört auf, nichts ist an seinem Platz, der Besen wirbelt den angesammelten Staub aus allen Ecken und Winkeln, der Teppichklopfer entfacht Staubwolken, die Luft wird unerträglich, der peinliche Geruch von Benzin und Terpentin verfolgt uns überallhin . . . Die Putzfrauen sind gleich »bösen Geistern« auf das Heim losgelassen . . . der Besen, der Klopfer sind hier die apokalyptischen Reiter, vor denen der friedfertige Mensch zu fliehen versucht. Das große Aufräumen ist für die Bewohner — ach, — wie böse! — und doch *wird es vom gütigsten Geist, der Hausmutter veranstaltet.* Sie weiß, daß es nötig ist, denn nur so kann ihren Lieben ein sauberes, ordentliches, gesundes Heim auf längere Zeit gesichert werden. —

Der Ausdruck »schlecht« kann nur von ganz menschlichen Gesichtspunkten auf jene Kräfte angewendet werden, die am Wendepunkt von zwei Epochen über die Erde rasen. Sie sind ebenso nötig, wie der Besen beim Großreinemachen. Und ebenso, wie die Putzfrauen nicht *gegen* die Hausfrau handeln, sondern *mit ihr arbeiten,* auf *ihre* Veranlassung, — ebenso wirken auch die »bösen Geister« *auf Befehl der göttlichen Kräfte,* mit diesen im Einklang, auf ihr Geheiß. In diesen harten Zeiten sind die »guten Geister« aber ebenfalls mit aller Kraft am Werk, um die für das Gute empfänglichen Seelen zu erfüllen und zu Gott zu führen. Nie kommen so viele große Lehrmeister, Propheten und Heilige zur Welt wie an einer solchen Zeitwende.

Wir begehen aber einen ganz großen Fehler, wenn wir von diesen großen Geistern, — den Meistern des Ostens, — die Lösung der wirtschaftlichen, der politischen Fragen und die Befreiung von Elend und Krieg erwarten. — Die Menschen bekommen immer einen solchen Führer, den sie verdienen. Die Menschen sind es, die einem anderen folgen, — *sie* selbst wählen einen zu ihrem Führer, sie machen ihn groß, — sie geben ihm die Macht, ein Führer zu sein. Wenn sie lieber einem Unwissenden folgen, und immer wieder — lieber einem Demagogen als einem Eingeweihten, — wie können manche dann noch glauben, daß die großen östlichen Meister die Menschen aus dem Elend und den sich immer wieder neu ankündenden Kriegen retten sollen? . . . Man erwartet vielleicht, daß die Meister mit Gewalt oder mit Magie die Menschen zwingen sollen, das Richtige zu tun? — Warum tut GOTT nichts gegen Krieg und gegen allen Fluch, den die Menschen mit ihrer Unwissenheit verursachen und auf ihre eigenen Köpfe herabziehen? — Wo bliebe dann der freie Wille des Menschen? — Die großen Meister dürfen das Selbstbestimmungsrecht der Menschheit nicht verletzen, — und sich mit ihren hohen geistigen Kräften in das Schicksal der Menschheit nicht einmischen, — genau wie Gott sich auch nicht in die Angelegenheiten der Menschen einmischt. Die Meister dürfen nichts »an Stelle« der Menschen tun, — dann nähmen sie ihnen die Möglichkeit Erfahrungen zu sammeln, und die Verantwortung würde dadurch von den Schultern der Menschheit auf die ihrigen übertragen. Wie sollen die Menschen aber aus sich selber lernen, was richtig und was unrichtig ist, — wie sollen ihre Augen geöffnet werden, damit sie aus *innerer Überzeugung* das Gute tun, — wenn durch Gewalt oder magische Mittel das Gute für sie fertig getan würde . . .? Das wäre derselbe Fehler, den Eltern begehen, wenn sie die Hausaufgaben ihrer Kinder schreiben würden. Dem Kind entgeht dadurch das eigene Lernen, es bleibt unwissend, und bei der ersten Gelegenheit im praktischen Leben stellt sich seine Unwissenheit heraus. Dann muß es durch schwere Prüfungen und Leiden das Versäumte nachholen und selber lernen. — Warum erwarten also manche die Lösung aus den schweren menschlichen, wirtschaftlichen und politischen Schwierigkeiten von den großen östlichen Meistern, — warum lösen diejenigen, die diese Erwartung hegen, die Probleme nicht selber? — Wenn die Menschen das Gute nicht befolgen wollen und nur sehr wenige sind, die auf die Worte der Wissenden hören, die Meister werden nie mit Gewalt noch durch magische Mittel, — denn das wäre schwarzmagisches Handeln, — die Menschen dazu zwingen, das Gute zu tun. Zeigen können und dürfen sie den Weg, der zur Lösung führt, aber, den Weg beschreiten, — die Lösung in den alltäglichen menschlichen Angelegenheiten VERWIRKLICHEN, — das müssen die Menschen selber! — Die Meister verkünden, auf der Schwelle jeden Zeitalters, nur immer wieder das Wort. — Sie verkünden von neuem das Wort, erwecken die Seelen und weihen die Menschen in die tiefsten Geheimnisse des menschlichen Daseins ein. In solchen Zeiten sind die Eingeweihten von ihrem Schweigegebot entbunden und sie dürfen reden! Wir leben jetzt inmitten einer solchen Zwischenzeit und die großen Meister des Ostens schicken ihre Schüler nach allen Himmelsrichtungen, um jene Schätze, die seit Jahrtausenden für die reifen Seelen aufgespeichert waren, den Weg zum Glück, der ganzen Welt zugänglich zu machen! — Ob aber die Menschen diesen Weg in das alltägliche Leben verwirklichen — hängt von den Menschen selber ab! —

*

Ramakrishna war einer der größten Heiligen der Inder*. Er lebte im 19. Jahrhundert und aus der ganzen Welt strömten ihm die Menschen zu. War er doch einer jener großen Meister Indiens, die Christus aus innerem Erleben heraus kannten. Zwei volle Jahre widmete er ausschließlich dem Studium der Evangelien und dem Erkennen Christi. — Er wußte, daß die Erde einem Zeitalter der Erfüllung ent-

* Siehe Romain Rolland: »Prophets of the new India.«

gegengeht, dasjenige der Fische; und darauf folgt die Epoche des Wassermanns. Er wußte, was für schwere Zeiten über die Erde kommen werden. Von seinen Jüngern wählte er den Geeignetsten aus und bereitete ihn Jahre hindurch auf die große Aufgabe vor, den Menschen des Westens den kürzesten Weg zu zeigen, der zu Gott führt: Yoga. Swami Vivekananda war dieser Schüler und er war selber ein in Gott lebender, heiliger Mensch. Seine überragenden Fähigkeiten wurden von Ramakrishna durch systematische Schulung entwickelt. Er durchlebte die verschiedenen Yogas und wurde nach langjährigem Studium der heiligen Bücher, mit allem geistigen Rüstzeug ausgestattet, nach dem Westen gesandt, um die weißen Brüder mit dem Wissen des Ostens zu beschenken. Swami Vivekananda war der erste, der aus dem Osten nach dem Westen ging, um das große Geheimnis des Menschen offen zu verkünden. — Christus hatte vorausgesagt, es werde die Zeit kommen, da die Geheimnisse von den Hausdächern verkündet würden. — In Amerika und England hielt Swami Vivekananda unzählige Vorlesungen, und seine Bücher über die verschiedenen Yogas sind Quellenwerke der Yoga-Literatur von bleibendem Wert*. Seinen Schriften entströmt der Hauch Gottes, und sie werden über die ganze Erde verbreitet. Menschen, die nach dem Wasser des Lebens dürsten, lesen und studieren sie.

Eher noch, als Swami Vivekananda seine Reise antrat, begann eine mit erstaunlichen Fähigkeiten begabte Frau aus dem Westen, H. P. Blavatsky, ebenfalls die uralte Weisheit des Morgenlandes der westlichen Welt mitzuteilen.

---

* siehe: »Complette works of Swami Vivekananda.« (Published by: Mayavati Memorial Edition.)

Frau Blavatsky war nach ihrer eigenen Aussage die Schülerin eines indischen, eines ägyptischen und eines ungarischen großen Meisters, und was sie von diesen gelernt hatte, schrieb sie in zwei großen Werken nieder: »Entschleierte Isis« und »Geheimlehre«. Diese Bücher waren von größter Wirkung auf die Welt, und die Weisheit des Orients begann ihren Eroberungszug auf dem ganzen Erdkreis.

Mitarbeiter von Frau Blavatsky trugen ebenfalls viel dazu bei, daß die Schätze des Ostens freigelegt wurden. Franz Hartmann übersetzte mehrere heilige Bücher der Inder aus dem Sanskrit ins Deutsche, Annie Besant ins Englische, und beide verfaßten auch selber wertvolle Bücher. Es würde zu weit führen, alle jene zu erwähnen, die an der Verbreitung der geistigen Schätze Indiens teilhatten. Tatsache ist, daß heute schon eine große Zahl der heiligen Bücher Indiens in die westlichen Sprachen übersetzt und für jedermann zugänglich sind. Die Mahabharata, deren hervorragendster Teil die Bhagavad Gita ist, das Ramayana-Epos, die Puranas, die Yoga-Aphorismen des Patanjali, viele aus den uralten Sutras, Sabhapatti Swami, Sankaracharya, Rabindranath Tagore und Mukerji wurden im Westen Allgemeingut. — Nach ausdauernden, kampfreichen Bemühungen und viel Geduld gelangten auch westliche Menschen in nicht geringer Zahl zu großen indischen Meistern und erreichten das hohe Ziel auf dem Wege des Yoga. Einige von ihnen schrieben ihre Erlebnisse nieder und gaben sie in Buchform heraus. Diese Bücher öffneten neue Tore für die Seelen, die nach dem Pfade der Wahrheit strömen. Die bekanntesten von diesen Autoren sind Avalon, der in seinem Buche »The Serpent Power« (Schlangenkraft) das tiefe Geheimnis des menschlichen Rückgrates, den Weg der Kundalinikraft enthüllte. Ferner Ewans Wentz in Zusammenarbeit mit dem berühmten Tibetaner Lama Dawa Sandup, Alexandra David Neel, Paul Brunton, Heinrich Zimmer und andere hervorragende Autoren, die mit mehreren Büchern dazu beigetragen haben, der westlichen Welt die mehrtausendjährigen Kenntnisse des Ostens über die, im Menschen schlummernden, verborgenen Fähigkeiten und Möglichkeiten nahe zu bringen. Und diese Werke mehren sich von Tag zu Tag.

Im Dienste Gottes wird der Samen gesät, und die Saat der Wahrheit geht auf. Der Abendländer wird nach und nach mit den verborgenen Schätzen seines SELBST bekannt, die er durch das Beschreiten des Yoga-Weges von Stufe zu Stufe entdecken kann. Es klingt wohl sonderbar, aber es ist so, daß unzählige Menschen des Westens durch die Indische Philosophie zurück gefunden haben, — heim, — zum eigenen Glauben, zu Christus. Die Lehren der Bibel verstanden sie erst auf dem Umwege über die östlichen Lehren, und nachdem sie mit den inneren Geheimnissen der Seele durch Vedanta, Advaita-Vedanta, Upanischaden und durch Yoga vertraut wurden, erhellte sich in ihnen der erhabene und auf Tatsachen begründete Sinn der Worte der Bibel.

Viele werden fragen: ist Yoga nicht gegen den christlichen Glauben? —

Wie könnte es sein? Yoga beruht auf psychologischen Tatsachen, auf der Wirklichkeit. Wie könnte die Wirklichkeit gegen die Wahrheit, gegen die christliche oder irgendeine andere Religion sein? — Der Kern jeder Religion ist die Wahrheit. Wie könnte die Wahrheit eine Religion umstoßen, deren Grund auch die Wahrheit ist. Gott ist nicht eine menschliche Vorstellung, sondern *lebendige Wirklichkeit*. Daß diese Wirklichkeit von den Hindu »Brahman«, von den Mohammedanern »Allah«, von den Juden »Jehova«

und von den Christen »Gott« genannt wird, ändert die Tatsache — die Wirklichkeit — nicht. Wie könnte die Wirklichkeit die Wirklichkeit umstoßen? — Das Wissen, — die Erweiterung des menschlichen Gesichtskreises, führt näher zu Gott. Yoga ist der Weg der menschlichen Entwicklung, also der Weg zu Gott. Jene, die Yoga üben, kommen von Tag zu Tag näher zu IHM. Demnach ist Yoga nicht gegen die christliche Religion, oder gegen das Wesen einer anderen Religion, sondern hilft dazu, sie zu verstehen und zu erleben! — Ramakrishna sagt: »Durch Yoga wird ein Hindu besserer Hindu, ein Christ besserer Christ, ein Mohammedaner besserer Mohammedaner und ein Jude besserer Jude!«

Yoga entwickelt die Seele, lehrt uns die Gefühle beherrschen, wendet unseren Blick von den untergeordneten Dingen ab, und lehrt uns die Andacht, Sanftmut und Friedfertigkeit. Yoga entwickelt das Nervensystem und macht den Körper gesund. Eine ausgeglichene Seele erfüllt den Körper mit lebenspendenden Strömen, und der gesunde Körper wirkt zurück auf die Seele, macht sie heiter und frohgemut.

Yoga entwickelt die Willenskraft, und wer einen starken Willen hat, der widersteht den Versuchungen, der widersteht der Sünde, — der wird nicht mitgerissen von Besitzgier und körperlichen Leidenschaften. Ein Mensch mit entwickelter Willenskraft hält seine Triebe unter der Kontrolle und bändigt seine Begierden. —

Yoga entfaltet das Bewußtsein und den Verstand. Mit der Entwicklung des Verstandes wächst auch das Unterscheidungsvermögen. Wenn der Mensch wählen muß zwischen den zwei Welten, der vergänglichen und der unvergänglichen, — zwischen einer veränderlichen und einer ewigen, — durch Yoga wird er wissen, was er wählen soll. Yoga öffnet nach und nach die geistigen Augen des Menschen, damit er erkenne, daß das vergängliche, sich ständig ändernde, irdische Leben nicht die Wirklichkeit ist, daß es eine Verblendung und Fata Morgana, nur eine Welt der Wirkungen ist, in deren Hintergrund, in Ewigkeit und Unvergänglichkeit, der URGRUND steht, der da wirkt und schafft. Selig, wer die URSACHE wählt und nicht die Wirkung! Der auf der Ebene der Ursachen lebende Mensch hört auf, als willenlose Marionette von den auf ihn einwirkenden Kräften hin und her getrieben zu werden, er wird Herr seines eigenen Lebens und seines Schicksals. Er lebt in ständiger Gegenwart des Geistes — in ständiger GOTTESGEGENWART!

Yoga führt in die All-Einheit. So wird die Seele des Menschen von einer alles umfassenden, alles verstehenden und verzeihenden, universellen Liebe erfüllt. Wer in Yoga eingeweiht ist, liebt seinen Nächsten wahrlich so, wie sich selbst, weil er sich mit jedem Eins fühlt. Er hat nicht zu fürchten, daß er jemand beleidigt, oder sich gegen jemand versündigt, denn es wird zur Wirklichkeit in ihm, — was er nicht sich selbst wünscht, das fügt er auch keinem anderen zu, — *fühlt er doch den andern wie sich selbst.* Für ihn gibt es keine »persönlichen Fürwörter« mehr, denn er fühlt, daß das SELBST alles mit Leben erfüllt —: in dir, — in ihm, — lebe auch ICH, — BIN ICH!

So gelangt der Mensch durch Yoga in die heilige Gemeinschaft. Er gelangt aus dem persönlichen, kleinen menschlichen SELBST in das göttliche ÜBERSELBST, in die Vollkommenheit, — und in Gott verschmolzen erlebt er die Menschheit belebende Einheit. Nur Menschen, die auf dem individuellen Weg die Vollkommenheit erreicht haben, können die echte, auf die Nächstenliebe aufgebaute heilige Gemeinschaft verwirklichen, die dazu berufen ist, auf der irdischen Ebene die göttliche Ebene mit ihrer himmlischen

Harmonie zu offenbaren. So werden die zwei Wege, der individuelle und der gemeinsame Weg, zu einem Weg zusammengeschweißt. Keiner in sich selber ist vollkommen, sondern jeder eine Ergänzung, eine Erfüllung und Lösung des anderen.

Kollektivismus kann nur durch die Einheit individuell entwickelter, selbstloser, Liebe ausstrahlender Menschen vollkommen sein, — dem Individuum aber kann nur das, auf einen solcherweise vollkommenen Kollektivismus aufgebaute Leben, die Möglichkeit zur Entwicklung, zur Entfaltung seiner Fähigkeiten und zum Glücklichwerden, geben.

Eine riesige Gefahr des Kollektivismus ist die Unterdrükkung des Individuums und der freien Entfaltung seiner Fähigkeiten und Talente. Große Werte können auf diese Weise verloren gehen, was früher oder später zum Schaden der Gesamtheit wird, denn die gleichgeformten, nach einem Einheitsschema erzogenen Menschen hemmen und bremsen in gefährlicher Weise den Schwung zur Vervollkommnung des großen Ganzen. *Die einzige Hilfe dagegen ist, wenn neben der kollektiven Lebensweise auch das Individuum nicht vernachlässigt wird, wenn die Menschen sich auch einzelweise entwickeln und entfalten auf dem Wege des Yoga.*

Im Osten wurde der Weg des Yoga zu einer Vollkommenheit entwickelt, doch kann er nur für reife Menschen von Nutzen sein. Die Masse, das unwissende, arme Volk ist unorganisiert und fristet sein Dasein in unbeschreiblichem Elend. Umsonst besitzt Indien die Gesundheit erhaltende Wissenschaft des Hatha-Yoga, wenn die Millionen seines Volkes hungern, statt nach den Regeln des Yoga leben zu können. Einzelne erreichen in Indien, alle Funktionen ihres Körpers und somit auch ihre Gesundheit willkürlich lenken zu können. Gleichzeitig aber leben die Massen, unwissend und verlassen, ihr karges Leben. Hier kann nur auf Nächstenliebe aufgebauter Kollektivismus helfen. Auf gemeinschaftliche Weise muß das Volk organisiert und zum Teilhaber der Schätze des individuellen, des Yoga-Weges herangebildet werden.

Es ist die Aufgabe des Morgenlandes wie des Abendlandes, einander gegenseitig die erlangten Erkenntnisse, und deren Resultate, zu übermitteln. Für den Einzelnen, wie für die ganze Menschheit, ist der einzige Weg zum Glück, wenn die zwei Wege, — der individuelle innere, und der gemeinsame äußere Weg, — zusammentreffen und ineinanderfließen.

Im Westen nennt man die Liebe: Christus, — die Lieblosigkeit: Antichristus.

Kollektivismus ist das Reich des Antichrist, — die Hölle, — wenn die Liebe nicht darin wohnt.

Er ist aber ein auf Erden verwirklichtes Himmelreich, — das Reich Christi, — wenn er auf die Liebe aufgebaut ist!

Hier pflegt man gewöhnlich einzuwenden, das Letztere sei ganz unmöglich, ein unerreichbarer Traum, weil doch die Menschen alle lieblos seien. — Die Menschen? . . . Und wir? . . . Jemand muß doch anfangen! — Fangen *wir* an! — Warten wir nicht, bis der andere anfängt. Erwarten wir nicht die Erlösung von außen, erwarten wir nicht von anderen Menschen, — von großen Meistern, — daß sie uns erlösen sollen, — sondern beginnen wir sie in uns selbst. — Schätzen und achten wir unsere Mitmenschen, wie einen Teil unseres eigenen Körpers. Ebenso wie unser Körper zur Erledigung verschiedener Aufgaben verschiedene Glieder hat, — aber alle gleich wertvoll an ihrem eigenen Platze sind, — so sollen wir unsere Mitmenschen jeder Ordnung und jeden Ranges schätzen und sie als Brüder betrachten. *Setzen wir bei niemandem bösen Willen voraus,* fürchten wir uns nicht vor unseren Mitmenschen. Bemerken wir aber doch ein feindliches Verhalten, so prüfen wir es, und sicher werden wir sehen, daß der andere irgendwie leidet und deshalb angreift. Er glaubt, daß er sich verteidigen muß. Die Menschen sind nicht schlecht, — nur unglücklich. *Sie kennen einander nicht und haben voreinander Angst.* Fürchten wir die Menschen nicht, denn Angst verursacht abstoßende Ausstrahlungen und erweckt im anderen Mißtrauen. Denken wir daran, daß ein jeder nur ein armer, einsamer Wanderer ist auf dem engen, holprigen Weg, und daß ein jeder ein schweres Kreuz auf dem Rücken schleppt. Und versuchen wir doch, *das Kreuz auf dem Rücken des anderen zu erblicken* und fühlen wir nicht *nur das eigene* als eine schwere Last. Die Menschen beneiden einander immer, denn sie sehen im Leben des Nächsten *nur* das, was besser zu sein scheint, als im eigenen. Was aber im Leben des anderen schwere Bürde und tiefes Leiden ist, das wollen sie nicht sehen; *sie bemerken es nicht, weil es sie nicht selber schmerzt, nur den andern.* — Warten wir nicht, bis das Schicksal uns um den Preis schwerer Leiden lehrt, die Leiden anderer und ihre Prüfungen zu verstehen! Versuchen wir, uns in die Lage von beneideten Menschen zu versetzen und wir werden erkennen, *daß auch sie mit einem schweren Kreuz beladen sind, wenn es auch anders geartet ist, als das unsere.*

Schieben wir nicht Schuld auf andere Menschen, — und versuchen wir auch nicht, die anderen zu bessern! Beginnen wir die Arbeit in uns selbst. Ist dem anderen die Liebe nicht gegeben, so seien *wir* um so liebevoller. Trägt der andere eine Maske, desto weniger wollen wir sie tragen. Hat der andere keine Selbstbeherrschung, desto größere Selbstbeherrschung wollen wir haben.

Wenn das auf eine vollkommene und heilige Gemeinschaft aufgebaute Leben auch nicht von heute auf morgen verwirklicht werden kann, weil die Menschen nicht auf der gleichen Entwicklungsstufe stehen und nicht plötzlich damit beginnen können, die Gehässigkeit in Nächstenliebe umzuwandeln, — wenn nur ein ganz geringer Teil der Menschheit den Pfad des Yoga betritt, — Liebe und Verständnis aus sich strahlen läßt, — so können auch diese wenigen Menschen das Leben leichter und schöner machen, nicht nur für sich selbst, sondern auch für das große Ganze. Die auf dem Yoga-Wege Vorwärtsgehenden können ableitende Gegenkräfte, friedliche Inseln bilden, wo die Wellen des Hasses nicht hinreichen und gottsuchende Seelen Frieden finden. — Seien wir solche Inseln. — Üben wir mit tiefem, ganzem und unerschütterlichem Glauben Yoga —: ERLEBEN WIR IN UNSEREM EIGENEN HERZEN GOTT!

Wie Krishna in der Bhagavad Gita, dem heiligen Buch der Inder, sagt:

Der HERR lebt im Herzen jeder Kreatur,
O Arjuna,
Und durch die Kraft der Vorstellung,
Durch die Kraft der Maya,
Läßt er sie alle drehn,
Wie auf dem Rad des Töpfers.
Nimm deine Zuflucht zu IHM allein.
Durch seine Gnade
Findest du den erhabenen Frieden,
Und das Sein, das über allem Wandel steht. —
So lehrte ich dich, o Arjuna, diese Weisheit,
Die das Geheimnis ist der Geheimnisse.
Denke tief darüber nach.

Dann handle, wie du es richtig findest.
Dies sind die letzten Worte, die ich dir sage,
Von allen Wahrheiten die tiefsten.
Für dein eigenes Wohl spreche ich,
Denn du bist mein Freund,
Den ich erwählte und liebe.

— OM —

ELISABETH HAICH

;inweihung | Elisabeth Haich
Jur weniges ist aus den verborgenen 'empeln und den Mysterienschulen des Al-ertums bekannt geworden. Erstmals wird 1 der ›Einweihung‹ von Elisabeth Haich nthüllt, was sich wirklich im Inneren der Großen Pyramide ereignete. Dabei zeigt ch, dass in der Einweihung die Begren-ungen von Zeit und Raum fallen – was 'ergangenheit war, wird Gegenwart, und as Gegenwart ist, bleibt untrennbar von er Vergangenheit.
78-3-89427-703-1

port und Yoga | Elisabeth Haich
)ieser unsterbliche Klassiker von Selvarajan esudian und Elisabeth Haich ist weit mehr ls ein Buch zur sportlichen Betätigung mit oga-Unterstützung. Es ist eine wissen-:haftliche Abhandlung über die tiefsten oga-Geheimnisse und ihre Auswirkungen uf der körperlichen Ebene. Die Behand-ng von Krankheiten mit Hilfe von Yoga ird ebenso thematisiert wie die heilenden räfte des Atems. So wird dieses Werk zu nem Schlüssel für die Herstellung eines armonischen Gleichgewichtes zwischen körperlichen und geistigen räften. Es ist ein unverzichtbares Praxisbuch für alle, die den Yoga-/eg beschreiten, für Laien wie für Lehrer. Leistungssportler sowie Iobby-Athleten werden zudem wertvolle Hinweise finden, wie sie re sportlichen Aktivitäten durch Yoga-Übungen effektiv verbessern önnen.
;BN 978-3-89427-599-0

S. YESUDIAN

Yoga und Sex
Elisabeth Haich
Selvarajan Yesudian
(ISBN 978-3-89427-369-9)
Die berühmte, weltweit anerkannte Yoga-Lehrerin setzt sich in diesem großen Klassiker mit der menschlichen Grundfrage auseinander, inwieweit Spiritualität und Sexualität harmonisch miteinander verbunden werden können. Sie analysiert die grundlegenden Gesetzmäßigkeiten des Yoga-Weges und kommt zu radikalen Schlussfolgerungen. Ein Ratgeberbuch, das umfassend und kompetent informiert. Ein Yoga-Lehrwerk, das inspiriert und den Leser zu einer eigenen Stellungnahme herausfordert.

Hatha-Yoga
Selvarajan Yesudian
ISBN 978-3-89427-462-7
Selvarajan Yesudian reduziert die Körperstellungen des Hatha-Yoga auf das Wesentliche. Er verzichtet auf großformatige Bildtafeln, beschreibt aber in allen Einzelheiten, wie lange und auf welche Weise eine bestimmte Haltung einzunehmen ist.
Mit jeder Beschreibung spürt der Leser mehr, aus welchem unerschöpflichen Fundus an Weisheit der Autor schöpft. Ergänzt wird das Übungsbuch durch Geschichten, Erzählungen und Anekdoten der großen Meister des Ostens. Damit gewinnt der Yoga-Weg eine schärfere Kontur hinsichtlich seines Umfeldes und seiner uralten Wurzeln. Noch immer eines der grundlegenden Werke über die Praxis des Hatha-Yoga!

Selbstvertrauen durch Yoga
Selvarajan Yesudian
(ISBN 978-3-89427-828-1)
Selvarajan Yesudian zählt auch heute noch zu den erfolgreichsten Yoga-Autoren in deutscher Sprache. Noch immer arbeiten viele Yoga-Lehrende nach seinen Prinzipien. Dieses Buch ist sein ganz persönliches Bekenntnis zum Yoga-Weg, der es ihm ermöglicht hat, auch existenzielle Krisen zu meistern. Durch teilweise bewegende persönliche Begebenheiten erfährt seine Leserschaft, wie selbst lebensbedrohliche Situationen durch jene geistige Kraft gemeistert werden können, die sich mittels regelmäßiger Yoga-Praxis erwerben lässt.
Echter Yoga meint mehr als nur eine bestimmte tägliche Praxis. Es geht um eine Einstellung zum Leben, die von einem unerschütterlichen Grundvertrauen in die höhere Ordnung des Daseins geprägt ist. Wie man aus diesem Vertrauen heraus leben kann, das belegt dieses Werk auf beeindruckende Weise!

Steh auf und sei frei
Selvarajan Yesudian
(ISBN 978-3-89427-771-0)
Mit "Steh auf und sei frei" wird Yesudians persönlichstes Buch in neuer Bearbeitung wieder zugänglich. Er schildert seine bewegendsten Erfahrungen auf seinem eigenen geistigen Weg. Die heilende und stärkende Kraft des Yoga erhält so eine überaus lebendige Anschaulichkeit. Yoga hilft, sich selbst zu heilen und das eigene Leben zu meistern!
Ein einzigartiger Einblick in den geistigen Kosmos des Yoga und seine bedeutendsten Repräsentanten. Ein faszinierendes Zeugnis, wie man durch die Yoga-Praxis zu einem neuen Menschen zu werden vermag!

Ein Züricher Anwalt zieht sich für einige Tage in die Berge zurück und trifft dort vor einer Almhütte völlig unerwartet auf eine ungewöhnliche Frau. Er erkennt allmählich, dass er es mit einer Meisterseele zu tun hat, die ihn in die großen Geheimnisse des Lebens einweiht.
Was diese Wesenheit, die sich ihm gegenüber „Elision“ nennt, ihm über Verzeihen und Güte, über Glück und den Sinn des Lebens, über Tiere und Pflanzen, über die Geistige Welt und das innere Erwachen oder über das Geheimnis der Liebe erzählt, lässt ihn zu einem neuen Menschen reifen.
„Elision“ ist ein Werk erfüllt von tiefer Weisheit, einer fast poetischen Sprache und einer Botschaft der Hoffnung und der Liebe.
Ein Buch, das in den Tag ein LICHT fallen lässt und jedes Herz berührt!

Peter Allmend
Elision
Begegnung mit einer Weisen
ISBN 978-3-89427-625-6

Glück ist, wach zu sein.
Glück ist, frei zu sein.
Glück ist, lieben zu können.
Glück ist, der Stille zuzuhören.
Glück ist, nichts zu erwarten.
Glück ist, Menschen an seiner Seite zu haben, von denen man verstanden wird.
Glück ist, einem Menschen Trost zu bringen, der eine schwere Wegstrecke zurücklegen muss.
Glück ist, spontan lachen zu können.

GLÜCK